不暴躁 不胆怯 不散漫

孩子都是最好的

段云波 著

青岛出版社
QINGDAO PUBLISHING HOUSE

图书在版编目（CIP）数据

不暴躁　不胆怯　不散漫：孩子都是最好的 / 段云波著. --青岛：青岛出版社，2018. 7

ISBN 978-7-5552-7208-3

Ⅰ. ①不… Ⅱ. ①段… Ⅲ. ①儿童教育－家庭教育 Ⅳ. ①G782

中国版本图书馆CIP数据核字(2018)第148002号

不暴躁　不胆怯　不散漫：孩子都是最好的

Bu Baozao Bu Danqie Bu Sanman：Haizi Dou Shi Zuihao De

著　者　段云波

策　划　中海盛嘉

出版发行　青岛出版社

社　址　青岛市海尔路182号（266061）

本社网址　http://www.qdpub.com

邮购电话　13335059110　0532-68068820（传真）0532-68068026

责任编辑　郭东明　程兆军　E-mail：qdgdm@163.com

封面设计　祝玉华

版式设计　中海盛嘉

印　刷　青岛东方华彩包装印刷有限公司

出版日期　2019年1月第1版　2019年1月第1次印刷

开　本　16开（787mm×1092mm）

印　张　14.75

字　数　200千字

书　号　ISBN 978-7-5552-7208-3

定　价　36.00元

编校质量、盗版监督服务电话　4006532017（0532）68068638

前言

PREFACE

不暴躁 不胆怯 不散漫 孩子都是最好的

为人父母，都希望自己的孩子善良有爱心，能享受美好生活，一生快乐，受人尊重，实现人生福利最大化，而不希望孩子重复自己小时候曾犯过的错误。但是，对于大多数父母来说，要达到这样的目标，难度远远超出想象。

随着孩子呱呱坠地，父母会从最初的惊喜很快变得手足无措；随着孩子的成长，又会被“如何教育孩子”弄得焦头烂额。在遭遇无数次挫折后，父母会发现，如何关爱和抚育孩子，对于最努力的成人，也是富有挑战性的复杂工作。一不小心，父母很可能会成为孩子生命成长中的第一个敌人。

就这样，一代又一代的父母在教育孩子的问题上，常常感到不知所措，陷入迷茫和畏惧，甚至丧失了信心。父母“虽然在照料和教育孩子上殚精竭虑，但还是发觉自己恍若置身于困难重重的迷宫，无力自拔，仿佛一直徘徊在一个根本没有出口的密林之中”。

显然，除了要教育孩子外，父母还要应付的事情太多太多，工作学习、洗衣做饭、照顾老人等，上有老下有小，生活压力越来越大……有时候，让人倍感孤立无援！

于是，“焦虑”几乎成了这一代父母的标配，有人如此形容：当下的父母不一定是最好的一代父母，但他们肯定是最焦虑的一代父母。

香港电视纪录片《没有起跑线》里，曾记录过这样一对中产父母，为了让孩子入读“只收10名1月份出生的学童”的好学校，夫妻两人精准地计算受孕的时间，信誓旦旦地表示要让孩子“赢在子宫里”。乍一听来，这似乎是个冷笑话，或许这是赢在起跑线的极端案例，但这种对未来的焦虑，是多数人触摸到的现实。

父母在教育孩子方面的焦虑和无力感，一方面源于社会生态不平衡引起的对“阶层坠落”的恐惧，另外一方面源于自身对孩子心理发育以及教育知识的缺乏，更深层次则源于父母本身人格上的偏差，其典型表现就是自我认知差，在孩子面前自以为是。

“无情未必真豪杰，怜子如何不丈夫”。鲁迅先生对中国的家庭教育曾经有过这样的评价：“中国中流的家庭，教孩子大抵只有两种法：其一是任其跋扈，一点也不管，骂人固可，打人亦无不可，在门内或门前是暴主，是霸王，但到外面便如失了网的蜘蛛一般，立刻毫无能力；其二，是终日给以冷遇或呵斥，甚于打扑，使他畏葸不前，仿佛一个奴才，一个傀儡，然而父母却美其名曰‘听话’，自以为是教育的成功，待到他们外面来，则如暂出樊笼的小禽，他决不会飞鸣，也不会跳跃。”

鲁迅先生对家庭教育中的两种极端——溺爱和体罚的剖析可谓入木三分，相当深刻。在鲁迅先生逝世80多年后的今天，溺爱和体罚的教育方式仍然存在于不少家庭中。

“父母之爱子，则为之计深远。”父母养育孩子，不仅仅是让孩子吃饱穿暖，更应该考虑把孩子培养成什么样的人！

1924年，美国行为主义心理学家华生（John Broadus Watson，1878—1958）在《行为主义》一书中写道：“给我一打健康的婴儿，一个由我支配的特殊的环境，让我在这个环境里养育他们，我可担保，任意选择一个，不论他父母的才干、倾向、爱好如何，他父母的职业及种族如何，我都可以按照我的意愿把他们训练成为任何一种人物……医生、律师、艺术家、大商人，甚至乞丐或强盗。”

华生这一论断的背后，是他多年的研究理论“教养胜过天性”在支撑。也就是说，在决定孩子未来的行为方面，后天环境和教育的影响远远大于遗传。

家庭教育是人生的第一堂课，也是终身教育。从孩子的孕育开始，真正对孩子的一生负有最完整责任的，只有父母。

在人一生的成长过程中，老师可以选择，学校可以选择，唯有父母无法选择。家庭教育是学校教育和社会教育都无法替代的。负责任的父母，不仅要做好孩子“第一任老师”，还要准备做好孩子的“终身老师”。可是，我情不自禁地要问一句：父母，你有上岗资格证吗？

教育孩子，既是父母的神圣职责，也是一门精湛的艺术。现在，父母对孩子的教育越来越重视，但仅仅依靠重视并不能培养出优秀的孩子。就像高尔基（1868—1936）所言：“爱护自己的孩子，这是母鸡都会做的，但教育好孩子却是一门艺术。”

未来已来，将至已至。

在这个社会飞速发展、知识快速更新的时代，培养孩子仅靠父母暗中摸索或者自己的成长经验，已远远不足以胜任，优秀的父母需要提升自己的文化素养与家教技巧。

大多数父母，可能给不了孩子一家上市公司的继承权，也可能无法给孩子买一套昂贵的学区房，但完全可以通过正确的教养方式，培养出优秀的人才，或者至少培养出一个正常的人。真正决定孩子未来是否长成一个真正的“人”的，绝非仅是好的物质条件。

本书从当下的实际出发，结合作者多年的一线教学和心理实践经验，以现代大脑神经科学、心理学和医学为依据，既注重实用性，又尊重科学性。内容涉及孩子的行为习惯养成、家庭氛围的建设、学业成绩的提升，以及智商、情商培养等家庭教育的诸多方面，引导父母如何让孩子养成不暴躁、不胆怯、不散漫的个性，特别适合于学龄前以及小学低年级孩子的父母阅读。本书让您在培养孩子的道路上少走弯路，不断提高家庭教育的水平。

家庭教育不是一蹴而就的，需要耐心和持之以恒。正如哈佛大学图书馆的一句馆训：“谁也不能随随便便成功，它来自彻底的自我管理和毅力。”成功学中有个“一万小时定律”，意思是说不管任何行业，只要你经过了一万小时的练习，你就能够成为大师。家庭教育亦是如此。

十年树木，百年树人。家庭教育没有终点，让我们一起努力！

段云波

2018年12月1日于青岛

目录
Contents

1

优秀父母，拒绝让孩子成为自己的影子

人生最重要的阶段不在大学，而是在0～6岁这一阶段。因为人类的智慧就是在这一阶段形成的。除此之外，人的心理定型也是在这一阶段完成的。

——玛利亚·蒙台梭利

父母才是孩子的起跑线

一个周末的下午，妈妈带着 5 岁的涛涛去她的同事王阿姨家里玩。在王阿姨家里，涛涛受到了热情的接待，王阿姨 3 岁的女儿婷婷很喜欢这个大哥哥，拉着他在客厅里、卧室里到处跑。一下午很快就过去了，直到在王阿姨家里吃过晚饭后，涛涛和妈妈才和王阿姨全家告别。

在回家的路上，涛涛忽然从兜里掏出了一个小汽车模型向妈妈炫耀，并说是自己悄悄从王阿姨家的书桌上拿的。

★ 如果你是涛涛的妈妈，你认为哪种反应最合理？

1.勃然大怒，赶紧给王阿姨打电话，告诉她，是涛涛拿了小汽车。回到家后，将涛涛关在他的房间里，并以他整个晚上不许看电视作为惩罚。

2.心平气和地告诉涛涛，这种做法是不正确的，以后不要这么做了。

3.向涛涛解释，这个玩具也是婷婷特别喜欢的玩具，如果婷婷发现玩具丢了，一定会很难过。并告诉他，回家必须在自己的屋子里待一个小时作为惩罚。

4.忽略这件事，让孩子自己解决。

上面这四种做法分别反映出不同教养类型的父母。

★ 父母的教养风格

第一种反应属于专制型父母，他们对孩子的控制欲强，要求孩子绝对地服从。他们希望孩子遵从一系列的行为准则，假如孩子犯错，他们会严格惩罚孩子，有时候甚至让孩子觉得父母对自己很冷漠，缺乏温暖。对孩子来说，这种类型的父母，说出的每一句话都是法律，孩子必须无条件服从，不得违抗。

第二种反应属于放任型父母，他们对孩子表现得很宽容，注重自我表达和自我调节，不对孩子提过多要求，也不去限制孩子的行为，并且也不认为孩子对自己的行为结果负有很大的责任。他们与孩子共同决策，很少责罚孩子。这类型的父母表现温和，不专制、不苛刻，甚至放纵。他们的孩子在学前期最不成熟，自我控制和探索能力都很低。

第三种反应属于权威型的父母，他们对孩子态度专一，绝不会一个唱红脸，一个唱白脸。他们会给孩子提供规则，对令人满意的行为给予肯定。这种类型的父母与第一种专制型的父母有些类似，不同之处在于权威型的父母鼓励孩子独立自主，他们会和孩子讲道理，尊重孩子的决定、兴趣、想法和个性。他们深爱着孩子并为其提供各种支持。他们会和孩子解释制订标准的理由，爸爸妈妈为什么要这么做，为什么要对他进行惩罚。同时这类父母注重自己的言行，给孩子树立榜样。这类父母教育出的孩子安全感强烈，因为他们知道父母对自己的爱和期望。孩子在学前期就表现得比较独立、自主，探索性和满意度也较高。

第四种反应属于忽视型的父母，他们对孩子的表现漠不关心。此类父母和孩子在感情上存在疏离感，他们认为只要给孩子吃好、穿暖即可，孩子不生病，长得健康就完成了做父母的责任。

★ 父母的教养类型不同，导致孩子行为差异

专制型父母教养出的孩子更倾向于性格内向，他们被严格控制，常常无法独立做出选择，相对不喜欢社交，社交能力低下。他们待人接物所表现的态度不是很友好，经常会在同伴中不自在。男孩会表现出过分的敌意，女孩则表现得过分依赖父母。

放任型父母教养出的孩子与专制型父母的孩子有很多相似的特点：他们喜怒无常，倾向于依恋和贪婪，社会技能和自我控制能力都比较低。在放任型的家庭中，孩子接受的指导很少，以至于他们无法确定自己的行为是否正确。

权威型父母教养出的孩子表现得相对优秀，他们独立、友好对待同伴，既有自己的主见，也喜欢团队合作。他们做事情目标明确，追求成功和完美。他们能够自我调节情绪，受到同伴的喜爱。当发生矛盾的时候，权威型的父母会教孩子用积极的方式去和他人交流自己的观点，协商解决问题的方案。

整体来说，忽视型父母教养出的孩子表现最差。父母对孩子的漠不关

心，对这些孩子的情感发展起了很大的负面作用，使他们缺乏安全感，感觉不到爱，甚至阻碍了自身认知能力的发展。

不同的教养方式还会影响孩子的学习成绩。一项针对五年级学生的研究显示，成绩优秀学生的父母大多是权威型的父母。这些孩子富有好奇心，有很强的求知欲，热爱学习，喜欢探索与挑战，并乐于自己解决问题。专制型父母在孩子做作业的时候陪读，对孩子密切监督，他们依靠外在激励试图推动孩子努力，但孩子缺乏内在学习动力与兴趣，成绩往往不理想。放任型的父母不关注也不在乎孩子的在校表现，孩子的学习成绩也不理想。

当然，上述情况并不绝对。有时候，专制型父母和放任型父母也能教养出“优秀”的孩子。此外，很多父母的表现也不完全一致，比如，专制型父母也有放任型的时候，忽视型父母也有权威型的时候。

“不让孩子输在起跑线上”，这句话在最近十几年甚嚣尘上，父母为了这个目标使出浑身解数。其实，孩子的起跑线是自己的父母，有什么样的父母决定了有什么样的家庭教育方式和家庭气氛，而这决定了孩子的性格和未来。

不同类型父母的教养风格

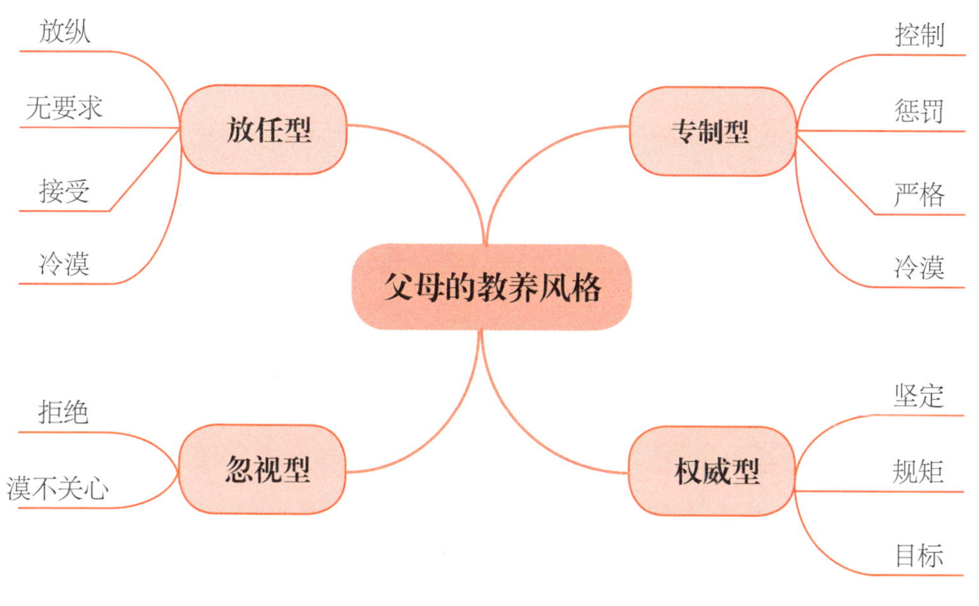

父母，不可替代的角色

★ 母亲在早期教育中的重要作用

家庭教育是人的一生中最早接触的教育，而母亲在家庭中有着举足轻重的地位。从十月怀胎到婴儿呱呱坠地，这是生命从一种生存方式到另一种生存方式的变迁。母亲对新生婴儿具有无可替代的作用，特别是在婴儿刚出生后的这一段时间。因为这时候的孩子刚刚开始一种新的生存方式，对他们来讲，这时候母亲仅仅为他提供一个安全、安静的环境是不够的。对一个新生婴儿的保护，不仅要使他的身体免受伤害，同时应该采取措施使他的心理能适应周围的世界。“一个人在他的一生中，没有一个时期会像在出生时那样经历如此剧烈的冲突和挣扎，并承受如此大的痛苦。”

婴儿的出生是生命中的一个重大转变，因此，母亲应该极其细致地为婴儿预备一个安全又温馨的环境，让婴儿对自己所来到的新世界充满乐趣，愿意持续地乐在其中。一定要避免让婴儿与周围环境产生隔阂或恐惧感，以致对环境出现抵制，使婴儿的发展有退缩倾向，也就是“回归子宫的倾向”。一旦婴儿的发展偏离了“正常化”的发展轨道，就会出现一种心理防御，抵触外来的一切以保护自己免受侵犯，这样也就无意识地阻碍婴儿接受和理解外界的信息。因此，在婴儿出生的最初几天，母亲应尽可能地陪伴在孩子身边，尽可能多与孩子接触。在婴儿这一特殊时期，母亲的角色十分重要，无可替代。

★ “虎妈”育儿法引起的争议

耶鲁大学法学院的华裔教授蔡美儿在2011年，出版过一本名为《虎妈战歌》的书，该书出版后在全球引发一场关于如何管教子女的争论。“虎妈”一词也由此深入人心，用来形容母亲对子女严加管教。

在书的开头，蔡美儿就列出了不允许她的两个女儿做的事情：不允许在同学家过夜；不允许参加玩伴聚会；不允许参加学校演出；不允许抱怨没有参加学校演出；不允许看电视或玩电脑游戏；不允许自行选择课外活动；不允许任何一门功课的成绩低于“A”；不允许没有成为所有科目（除体育和戏剧以外）的第一名；不允许弹奏除钢琴和小提琴以外的乐器；不允许不弹钢琴或不拉小提琴。

蔡美儿这样的教养方式看起来很成功，她的两个女儿先后考取了哈佛大学、耶鲁大学。不过，蔡美儿的教育理念无论是在美国还是在中国，都引起了很大的争议。并不是说对孩子严格一点不对，主要是因为她的很多举动过于极端。比如，大女儿在一次乘法速算测试中得了第2名，蔡美儿便让女儿每晚做20张试卷，每张试卷100道速算题，自己在一旁掐着秒表计时。一周强化训练后，女儿次次速算测试都稳拿第一。7岁的小女儿因为一首钢琴曲弹不好，蔡美儿就要求她从晚饭后一直练习到半夜，中间不许喝水、不许上厕所。

过去二三十年间，社会飞速发展，孩子童年的体验也已经发生了翻天覆地的变化。发展到现在，我国不少家庭结构基本上是6个大人（爸爸妈妈、爷爷奶奶、姥姥姥爷）照顾1个孩子，孩子的情感负担非常重。家庭成员之间存在着差异，如何教育孩子也存在分歧，对待孩子到底是“打”好还是“宠”好？

★ 民主家庭氛围培育出的孩子成才概率高

中西方的教育存在明显差异，西方人非常在意孩子的自尊，让其按个性自由发展，希望先有尊重再有成功；而中国父母更在意在可控范围内帮助孩子成长，希望先有成功再有尊重。这两者似乎说不上孰优孰劣，这与中西方家庭关系是相关联的。但这里一定存在一个概率优化的问题，必须深入研究与探讨。

中国的父母更愿意为孩子做决定，更愿意为他们负责任，自然也期待将来孩子对他们负责；而西方的父母与子女的关系显然不同，他们更独立，不过在享受自由的同时，也要忍受自由的代价——比如独自承担挫折，再比如晚年的孤独。

教育学研究认为，在民主家庭氛围中成长的孩子成才概率比较高，更具有创造性。这些家庭的孩子大多有自尊心，性格开朗，有爱心，关注社会。这种教育下长成的孩子，他们未必都是“才”，但他们至少是心理健康的正常人，特别是其中许多人更富有社会责任感，也有家庭责任感。

★ 父亲的作用无可替代

有研究表明，家庭中如果母亲自以为是、太强势，容易造成父亲角色的缺失。而在教育子女的过程中，父亲的角色非常重要，无可替代。

孩子从母亲那里可以更多地接受语言、日常生活知识、物品用途、玩具的一般使用方法和艺术性等方面的知识，而父亲会给予孩子更丰富、更广阔的知识，给予孩子安全感。在孩子成长的道路上，树立怎样的人生观，拥有怎样的价值取向，父亲都有着特殊的影响力。

需要引起注意的是，如果在一个家庭中任何事情都由母亲说了算，那么，父亲的作用就会被“边缘化”。这个丈夫在妻子眼里不过是“另一个听话的孩子”，父亲在家庭中没有存在感，这样的家庭氛围类似单亲家庭。心理咨询发现，一般来讲，当父亲在家庭中的作用被“边缘化”之后，母亲就会变得强势，甚至说一不二。实际上，一个聪明的妻子，总是会给丈夫机会，让孩子随时感受到父亲的存在。当然，做父亲的也不能逃避责任，要争取多参与家庭事务的决策。

“近朱者赤、近墨者黑”，胡搅蛮缠、性格霸道的“辣妈”容易导致孩子的人格发展偏离正轨，甚至走向极端。父母是孩子的启蒙老师，母亲的一言一行，其实都是在对孩子言传身教。特别对于男孩子来说，如果母亲的性格太强势、父亲的性格太软弱，他逐渐会在潜意识里认为女强男弱的局面是理所当然。长大之后，很容易养成懦弱胆小的性格，成家后也容易像父亲那样在家庭里被“边缘化”。

父亲的力量——如何体现父爱

最近几年，一档电视真人秀节目《爸爸去哪儿》火爆荧屏，让观众在欣赏之余，也开始思考父亲在家庭教育中的地位和作用。

提起父亲教子的问题，很多人应该会马上想起《背影》这篇文章来。它是现代作家朱自清于1925年所写的一篇回忆性散文，文章叙述的是作者离开南京到北京大学读书，父亲送他到浦口火车站并照顾他上车，随后又下车替他买橘子的情形。作者用朴素的文字，塑造了一个温暖、慈爱、无时无刻不爱护儿子的中国父亲的形象，通过对背影的描述，将父亲对儿子的爱表达得淋漓尽致、真挚感动："我看见他戴着黑布小帽，穿着黑布大马褂，深青布棉袍，蹒跚地走到铁道边，慢慢探身下去，尚不大难。可是他穿过铁道，要爬上那边月台，就不容易了。他用两手攀着上面，两脚再向上缩；他肥胖的身子向左微倾，显出努力的样子，这时我看见他的背影，我的泪很快地流下来了……"

现在的父母，大多学过这篇课文，当时可能没有懂得作者的情感，而是当作一个学习任务去读它。现在结合自身实际，再读这篇课文，身为父母的你，一定会感同身受，能体会到文中所流露出的父亲对孩子的爱。

★ 父爱如百炼钢化为绕指柔

但凡一个男人做了父亲，看着流淌着自己血脉的婴孩，他的心顿时会变得像绸缎般柔软细腻，可谓“百炼钢化为绕指柔”，所有的棱角在孩子的天真烂漫中几乎融化。即便“横眉冷对千夫指”的鲁迅在做了父亲之后，也是“俯首甘为孺子牛”，不由得感叹：“无情未必真豪杰，怜子如何不丈夫？”

在《我们现在怎样做父亲》一文中，鲁迅提出了自己的“父子观”，其中有两个关键词——爱和使命。在他看来，父子之爱是隔绝了交换利害关系的、纯然天性的爱，剥除了传统道德中虚伪矫作的成分，具有返归自然的属性。同时，为人父者应当承担起更多的义务乃至使命，甚至不惜以牺牲自己以求得后起新生命的解放。

★ 童年父爱会影响孩子的一生

现代社会，工作、生活节奏特别快，很多父亲没有时间陪伴孩子，也习惯性地认为照顾孩子是母亲的事情。人们普遍认为，作为一个男人，就要在外面打拼、挣钱，用比较好的经济条件回馈孩子，以提升自己的社会地位，给孩子一个体面的背景，是父亲的首要工作。“父爱如山，母爱如水”，父亲与母亲在家庭教育中各有优势，必须做到平衡，才能有利于孩子的成长。

美国临床心理学家斯蒂芬·波尔特（Stephan B. Poulter）经过多年的研究发现，童年时代所接受到的来自父亲的爱，关系到一个孩子成年后的职业选择和工作习惯，这种影响力大大超过母亲。也就是说，孩子未来选择何种职业以及在职场上的表现，都和童年时期父亲的养育方式有关。父亲的力量始终是影响孩子一生的力量，不论是现在的生活，还是未来的成就。

成年子女不管是否追随父亲的职业脚步，来自父亲的影响都在以多种方式发挥着作用。它既能造成子女工作上的弱点，也可能形成子女的主要优势，还可以提高子女对工作和生活的满意度。作为事业方向的基础，父亲的影响力在有意无意间主导着子女的事业选择和发展，影响着子女追求卓越的能力，以及建立职业关系的能力。这种影响不分性别，不分年龄。

★ 父亲不同的教养方式对子女的影响千差万别

波尔特博士在其所著《爸爸的力量》一书中，将父亲对子女的养育方式分为五种：苛求成就型、定时炸弹型、消极沉默型、缺席型、良师益友型。不管父亲的养育方式如何简单粗暴抑或疼爱有加，孩子与父亲早年的关系都奠定了孩子事业的根基。特定的养育方式对子女有特定的影响，五种养育方式，风格迥异，却都成为子女未来为人处事的核心影响力。

☆ 苛求成就型

苛求成就型主要表现为，父亲大多关注孩子的外在表观和取得的成绩。这种家庭长大的孩子，父辈常常教导他们，良好的表现极为重要，要注意形象，要争取获胜。父亲的期望最初集中在孩子的学习上，等成年后就集中在孩子的事业成功上。这种教养方式使得孩子很早就懂得个人表现的重要性，因为外表和成绩就是一切。这也很快成为他的价值观，成为他的人生发展力量。

苛求成就型教养方式下的孩子，在成年后会一直寻求事业伙伴、亲密伴侣、上级等权威人士的赞许，如果赞许没有如期而至，或者更糟的是他们受到了忽视或挫折，他们就会产生挫败、羞愧、自责、怨恨等负面情绪。

☆ 定时炸弹型

定时炸弹型的养育方式以恐惧、威胁和情绪的不稳定为最大特点。这一类型的父亲会毫不犹豫地表达自己的怒气，不管是对孩子、妻子、同事还是整个世界。他们总是大喊大叫、随便地发脾气。这种父亲管教孩子的方法就是提高嗓门、发脾气或打骂孩子，有时候也可能折磨自己。

许多定时炸弹型养育方式下的孩子，很小就具有了察言观色的能力，原因是为了在童年时代寻求更好的生存，并避免父亲的怒气发作。他们长大后，一般缺乏安全感，要么变得消极被动、牢骚满腹，要么容易在家里或职场上暴躁易怒、与别人的关系总是很紧张。他们可能存在愤怒控制、过度焦虑、酗酒或“工作狂”等强迫行为等方面的问题。

☆ 消极沉默型

消极沉默型的父亲一般不会去考虑、更不会做出任何破坏性的行为，不会对自己的子女、同事或朋友口出恶语，他们倾向于做生活的旁观者，属于家庭的边缘人物。这种类型的父亲与子女保持着距离，使得很多孩子不得不在父子关系之外寻求情感满足。此类父亲的特点是不善言辞，倾向于通过行动而不是言语来表达爱意。

消极沉默型教育模式下的孩子会怀疑自己的沟通能力，以及建立有意义的人际关系的能力。他们把父亲的价值观带入了自己的职业、伴侣、为人父母的角色当中，他们也没有足够的能力用情感语言来表达和解释他们的价值观、想法和感受。实际上，充分的沟通能力，与他人合作的能力，对于成功者是不可缺少的，然而消极被动型的教养方式无法培养出这些能力与品质。

☆ 缺席型

缺席型的父亲离弃了自己的子女，他们倾向于脱离家庭生活以及相应的家庭责任。这一类型的父亲甚至不愿意投入任何情感，他们没有兴趣和孩子交流，即便是最基本的交流也无法进行。

缺席型的父亲对孩子的情感、精神和身体都造成重大打击，就像是“遭受导弹袭击的房屋一样”，让孩子的内心满目疮痍。缺席型的父亲从感情冷漠发展到离弃子女，会导致子女陷入深深的悲伤或者愤怒，最终导致他们用报复社会的极端方式来发泄愤怒，从而掩盖来自情感和精神上的创伤。从这个层面来说，很多青少年犯罪，与父亲的缺席有着很大的关系。

☆ 良师益友型

良师益友型的父亲，在与孩子相处时，能够以合适的角色出现在孩子面前，为孩子的成长指引道路。在孩子需要他们的时候，他们会随时随地为孩子提供语言和非语言的支持，帮助孩子发展个性、培养自信，他们能够理解孩子在人生各阶段的需求，并给予情感、精神和心理上的回应。比如，工作之余，他们会和孩子一起动手做模型汽车，共同选择作文题目，积极参加孩子的家长会……此类型的父亲会鼓励孩子用积极健康的方式去追逐自己的梦想，发现自己的力量和价值。父亲对子女倾注的感情始终如一，这会带给孩子安全感和心理支持，让孩子觉得任何事情都有办法解决。

良师益友型的父亲会与孩子进行热点、敏感问题的讨论，比如，两性问题、金钱、教养方式、事业选择、职业发展等。父子之间可以相互倾听、相互支持，尽管彼此可能会有不同的意见，但同样会互相倾听，尊重对方的选择。这种无条件接纳的家庭氛围，为孩子的茁壮成长提供了坚实的基础。

良师益友型的父亲自身也独具魅力，这一类型的父亲本身具有积极的价值观，无论生活中还是事业上都很少抱怨，看问题都倾向于从积极的一面出发，所以他能够从清楚客观的角度看待孩子，处理自己和孩子之间的关系。

在亲子关系上，良师益友型的父亲非常清楚自己对孩子的影响和价值，懂得怎样在日复一日的生活中支持孩子、信赖孩子，培养孩子的自尊、自爱、自信等优秀品质。

★ 做一个称职的好父亲

父亲在家庭教育中具有不可替代的重要地位，那么，如何才能做一个好父亲?

明确自己的父亲角色，创造温馨和睦的家庭氛围。在3岁之前，孩子的饮食、起居都离不开母亲的照顾，这一阶段孩子的安全感更多来自母亲；3岁之后，随着孩子身体的成长以及自我意识的崛起，开始崇拜男性坚强、伟岸的形象，此时，就需要父亲能够实时地为他们提供安全感。比如，作为父亲，在孩子面前经常表现出对妻子的尊重，不失时机地夸奖、赞扬自己的妻子，这也能让孩子感觉到自己的家庭是很和睦的，从而增强安全感。反过来，如果夫妻经常当着孩子的面争吵，甚至动手，会给孩子带来负面的心理作用。研究显示，父母吵架或分居会导致孩子的沮丧情绪显著增加，而这又会引起孩子在学校里问题的增加，孩子看事情的角度也会变得普遍悲观。

父亲要与孩子培养良好的亲子关系，成为孩子的知心朋友。在孩子小的时候，亲子游戏和互动，是父子间有效的沟通交流方式。父亲除了多陪伴外，更要和孩子通过游戏等方式互动起来，在互动过程中，通过言语交流以及亲吻、拥抱等肢体语言，让孩子感受到父亲对自己的爱。

作为父亲，不要只埋头于工作，要懂得关心孩子的生活和学习，和孩子谈心，一起分析问题，帮助孩子了解自己。比如，可以问孩子最近班里有没有比较搞笑的事情，今天上学有没有愿意和父母分享的事情。尽量不要直接问最近考得怎么样，今天的作业做完没有等这种功利性太强的问题。

作为父亲，要懂得教育是一个慢过程，人人都有望子成龙、望女成凤的愿望，但孩子的成长需要时间，需要历练，不能操之过急。子女的教育和成长是父母一生为之奋斗的事业，而不是抢在起跑线上，将来就一直第一。

除了陪伴和关爱外，父亲还要为孩子树立榜样。3～12岁是孩子社会观念萌芽与道德行为塑造的关键阶段，这一阶段的孩子往往以父亲为学习榜样，通过对父亲行为的观察和模仿，不断调整自己的社会行为，进而发展出自己的道德观念和行为。有研究发现，在家庭教育中，如果父亲经常缺席，孩子就会在内在道德判断、接受批评、道德价值和规则意识等方面的得分较低，反社会和攻击性症状更明显。

因此，在孩子的成长过程中，特别是当孩子走到人生的十字路口，遇到两难事件需要做出抉择时，父亲一定要站出来，给孩子有价值的参考意见，并为孩子指明为人处事的基本原则，让孩子学会勇于承担自己的责任，懂得自律、自强。

延伸阅读

父母与孩子之间的爱

关于父爱和母爱的异同，美国人本主义哲学家和精神分析心理学家，艾里希·弗洛姆（Erich Fromm，1900—1980），在其经典著作《爱的艺术》一书中有很精辟的论述：母爱就其本质来说是无条件的。母亲热爱孩子，并不是因为孩子满足了她的什么特殊的愿望，符合她的想象，而是因为这是她生的孩子，这是天性。换句话说，母亲爱的是孩子本身，不管孩子做出何种行为。事实上，无条件的母爱不仅是孩子，也是我们每个人最深的渴求。

父爱的性质同母爱则大有不同。母亲是我们的故乡，是大自然、大地和海洋，而父亲不体现任何一种自然渊源。在最初几年内，孩子同父亲几乎没有什么联系，在这个阶段父亲的作用几乎无法同母亲相比。然而，父亲虽然不代表自然世界，却代表人类生存的另一端，即代表思想的世界，人所创造的法律、秩序和纪律等事物的世界。

弗洛姆认为，父爱是有条件的。父亲的原则是：我爱你，因为你符合我的要求，因为你履行了你的职责，因为你与我相像。当孩子辜负了父亲的期望，可能就会失去父爱。

父爱有积极的一面，也有消极的一面。消极的一面是，父爱必须靠努力才能赢得，在辜负父亲期望的情况下，就会失去父爱。父爱积极的一面也同样重要：因为父爱是有条件的，所以我可以通过自己的努力去赢得这种爱。与母爱不同，父爱可以受我的控制和努力的支配。

父母对孩子的态度符合孩子的要求。婴儿无论从身体还是心理上，都需要母亲的无条件的爱和关怀，特别是在婴儿出生后的头两个月。从3岁开始，特别在6岁左右，孩子需要父亲的权威和指引。母亲的作用是给予孩子一种生活上的安全感，心灵上的接纳感，而父亲的任务是指导孩子正视他将来会遇到的种种困难。父亲是教育孩子，向孩子指出通往世界之路的人。

一个成熟的人最终发展了母亲的良知，又发展了父亲的良知。母亲的良知对他说：“你的任何罪孽，任何罪恶都不会使你失去我的爱和我对你的生命、你的幸福的祝福。”父亲的良知却说：“你做错了，你就不得不承担后果；最主要的是你必须改变自己，这样你才能得到我的爱。”成熟的人使自己同母亲和父亲的外部形象脱离，却在内心建立起这两个形象，即把母亲的良知建筑在他自己爱的能力上，把父亲的良知建筑在自己的理智和判断力上。“如果一个人只发展父亲的良知，那他会变得严厉和没有人性；如果他只有母亲的良知，那他就有失去判断力的危险，就会阻碍自己和他人的发展。”

从与母亲的紧密关系发展到与父亲的紧密关系，再到两者的综合，在弗洛姆看来，这是一个人心理健康和成熟的基础。

※ 父母的角色 ※

——选自《蒙台梭利幼儿教育法》

蒙台梭利强调父母对孩子早期发展的责任，这并不只是因为孩子是父母所生，而是大自然赋予父母的天职，但父母不可以因此就对孩子有完全的控制权。孩子的发展是通过自我构建自己，只有父母的做法能对孩子的自我构建有所帮助时，才应被认为是正当的。

“母亲带给婴儿的只是生命，婴儿要成为成人则要靠自己。父母承认儿童的这种不同寻常的能力，并不意味着降低了父母的权威。只要父母能够意识到自己并不是儿童人生的建造者，而只是建造过程中的‘合伙人’，那么，他们就可以更加完美地尽到自己的责任。从广义的角度上来讲，这是指他们对儿童的帮助更有价值了，如果这种帮助以适当的方式给予儿童的话，儿童就会健康成长。因此，父母的权威并不是来自严肃的面孔，而是来自他们能够给予孩子的帮助，这才是父母真正伟大的权威和尊严。”

父母的责任在于照顾儿童，并且唤醒每一个儿童内在的引导能力，这样儿童就能获得发展自己的能力。父母如果想要帮助孩子，就应该跟随孩子成长的步伐，从孩子那里学到自己该做些什么。“这个新人‘儿童’的发展遵循自然法则，他将要发生的一切并非我们所能控制的，这不是我们该不该帮助他的问题。遗憾的是，我们总有一种观念，以为是我们塑造了儿童，必须去为他们做这一切，而忽略了儿童给予了我们什么。”

所以，父母还必须充当“敏锐的观察者”这样的角色，密切地关注儿童的发展进程，并始终保持清醒的头脑，及时发现儿童敏感期的到来，适时地给儿童提供必要的帮助。

大自然赋予儿童自我发展的力量，如果父母想要协助儿童，就必须去研究儿童自身究竟想要做什么。因为“儿童身上有太多的学问和智慧，如果我们还不能从中获益，那是因为我们自己还不够谦卑，以致看不到儿童奇妙的心灵，也学不到儿童到底能教给我们什么。”

美国著名精神分析学家，埃里克逊（Erik H. Erikson，1902—1994），曾是蒙台梭利早期的忠实粉丝，他强调这种成长正是为人父母所必须体验的一种成长。“在儿童发展成长过程中，父母也不停地面临着挑战，因此，自己必须和孩子一起成长。就如同父母管理婴儿一般，儿童也同样地在管理成人，并且促使他们成长。”

父母想要和孩子一起成长，就必须学习如何去观察孩子，欣赏孩子，接纳孩子，从他们身上得到乐趣。所有这一切的关键，取决于父母是否愿意接受孩子缓慢的步调，相信孩子内在的力量。对于凡事讲究高效、追求目标的成人来说，看似容易，真正要做到不干扰孩子缓慢的努力，却是非常困难的！

此时，父母的角色就是“儿童专注力的维护者”。正如蒙台梭利所言，“对成人来说，有一条自然法则，即最大效益法则，这使成人习惯用最直接的手段，在最短的时间内达到他的目的。当成人看到儿童花了很大的工夫却收效甚微，而同样的事他很快就能干完并做得干净利落时，就会忍不住想去帮助儿童。如此，儿童的每一个想法都会受到成人的阻挠。成人对儿童恼怒，不仅仅是因为他们认为儿童所做的一切都毫无用处，还因为儿童行动的节奏和行为方式都与他们完全不同。”

事实是，对于处在这一发展阶段的儿童来说，他们自愿去做的每一件事情都是一个壮举。但在成人看来，儿童热衷的那些东西实在很古怪，既琐碎又毫无用处，让人难以理解。

“当一个儿童看到桌布斜了时，他就开始琢磨桌布应该怎样铺，并且试图慢慢把它铺正。当一个儿童想要梳子来梳头时，成人不但没有为这种可贵的想法感到高兴，反而对他横加指责，因为成人觉得他不可能迅速地把头梳好，而且也无法让自己满意，只有他能替儿童梳得又快又好，于是成人就快速地帮他来做这件事。儿童本来是想进行一次快乐地尝试，但他看到的却是成人拿起梳子走上前来，态度很坚定地要求必须由他来梳头，对儿童来说，成人是个强有力的巨人，与成人争辩是毫无用处的。同样的事情，也会发生在成人看到儿童想穿衣服或系鞋带时。”

成人总是这样自以为是，不停地催促和逼迫孩子做事情，一次又一次剥夺了儿童自然成长的机会。美国小说家费舍尔（Dorothy C. Fisher），她也是一位母亲，曾去欧洲师从蒙台梭利博士，在她的著作《蒙台梭利式的母亲》一书中，生动地描述了儿童被催促做事的情形。她以自己带孩子的亲身经验指出，这简直是在“拽着孩子急急忙忙地过日子”。

蒙台梭利相信，“如果成人要想给儿童提供正确的指导，就必须保持心情平静、动作缓慢，尊重儿童，这样才能让儿童看清成人动作的全部细节。如果成人不放弃自己的习惯，始终以迅速而有力的步调，帮助儿童完成本该他自己完成的事情，那么他不但无法启发儿童，反而把自己的快节奏强加给了儿童，并通过暗示的力量使自己代替了儿童，剥夺了儿童独立成长的权利”。

父母的角色应该是“儿童自然成长的辅导者”，为了确保儿童积极正向地发展，父母必须为儿童预备好一个适宜的家庭环境，同时，父母的角色也变成了儿童学习环境的预备者。儿童所需要的家必须“是一个美丽且不被外界的需求所污染或支配的地方。在那里，富有不需任何回报慷慨的爱；在那里，成人应抛弃惯有的行为方式；在那里，我们可以感受到维持生命的不是竞争；在那里，我们终于认识到挫败他人并不是生存的秘诀，而自我克制似乎才是生活的真谛”。

为儿童提供这样的一个庇护环境，对成人来说，是为人父母的使命。“实际上，婴儿是通过他周围的环境成长。他要想学说话，就得去和说这种语言的人生活在一起，否则就学不会。想要获得心智方面的特别能力，他也必须与经常使用这些能力的人在一起。总之，儿童必须与周围的人交往，才能学会他们这个团体的礼仪、习惯以及习俗。”

“他们对周围环境进行学习和吸收，并且成为环境的一部分，就像昆虫与它们所赖以生存的蔬菜融为一体一样。周围环境给儿童的印象太过深刻，以至于使他们发生了生理或心理上的化学变化，最终使他们的心智状况变得与周围环境相似。”

对孩子而言，想要自己的潜能得到充分的发展，这样的环境则是必需的。因为儿童不仅是生活在环境之中，而且通过在环境中所获得的各种体验，让环境变成了自己的一部分。事实上，自然界中的各种生物都具有这种能力，能够对环境进行吸收和适应，并与之趋同。

穷养好还是富养好？

一旦为人父母，养儿育女就好比开始了一趟陌生的旅行，其间总会遇到许许多多你从未经历过的事情。过去有句俗话叫“穷养儿子富养女”，这里的穷、富到底指的是什么，很多人其实也搞不清楚。大多数人从字面上理解，认为穷与富主要指的是物质方面，对男孩在物质和零花钱上面要克制，女孩则相反。

★ “穷养”的效果

战国时期，大思想家、大教育家孟子在《孟子·告子下》中说：“故天将降大任于斯人也，必先苦其心志，劳其筋骨，饿其体肤，空乏其身，行拂乱其所为，所以动心忍性，曾益其所不能。”从家庭教育的角度来说，这属于较早的关于“穷养”的教育理论。孟子告诉人们：从小在艰苦的环境中长大的人，经历一番挫折、磨难，长大了更容易有所作为。

不过，经历了吃苦耐劳，结果能否承担大任并不一定。这方面相反的例子倒是不少。

1964年，美国民权法案授权教育部长实施一个调查，旨在掌握“美国公立教育机构是否缺乏向不同种族、肤色、宗教或祖籍的个体提供均等教育机会的能力”。为此，约翰·霍普金斯大学的社会学家詹姆斯·科尔曼（James S. Coleman）教授带领一个研究小组，开始收集美国各地4000所学校60万学生的数据，学校的调查包括种族隔离情况，设施、师资情况，学生的学习成绩，与成绩相关的学校特征因素等四大部分。1966年，在对这些调研材料进行分析研究后，科尔曼向国会递交了《关于教育机会平等》的报告，这就是美国社会学史和教育史上著名的《科尔曼报告》。

在此之前，黑人学生的文化教育水平较低，而且相对于白人差距越来越大。科尔曼和大多数人一样，都以为这种差距主要是学校的物质水平和条件造成的。但调查结果发现：黑人和其他弱势少数民族后裔（拉丁裔和印第安人）

对比白人中产阶级，缺乏一种改变和控制自己前途的自信。科尔曼把这种现象称为自我评估（self-esteem）。受种族肤色等因素造成社会地位的影响，这些处于弱势地位的学生，自我评估比较低，他们觉得环境过于强大，不可能通过教育改变他们的人生。他们对自己的前途缺乏自我期望，觉得没有盼头，学习士气比较低，从而造成学习成绩差，与白人相比差距越来越大。

★ 贫穷对孩子是一种压力

近年来，心理学家们对美国贫穷与孩子学业的关系研究报告显示，贫穷对孩子来说更多的是一种压力。比如，收入低的父母因为种种原因很少能陪伴在孩子身边；在家教方面，低收入的父母多采取简单粗暴的教育方式，他们也会经常对孩子说一些有负面影响的话，或讽刺或挖苦，有时候甚至动手打孩子。长期处于这种环境中，会影响孩子大脑的发育。

有实验研究表明，一个动物若长时间处在有压力的环境中，自然会保持高度的警觉，畏首畏尾，不会随意地探索周围的环境。这样做可以让它们得以生存，但是它们的认知能力也逐渐下降。科学家发现，这种模式也适用于人类。孩子若长期处在高压的环境下，对周围的人和事也会变得异常敏感，探索欲望低，不愿参加社交活动。长此以往，这种心理压力会阻碍孩子的智力发展，影响他的学习成绩，最明显的影响是会抑制他的主动探索和求知欲以及对外界的好奇。

★ “富养”要懂得利用资源

与穷养对立的是富养，不过，也并非所有的富裕家庭的孩子都有好的学业成绩，原因在于：富裕是一种高级的教育资源，但是，高级的教育资源需要父母有高级的教育方法。西方的经验是：培育一个贵族需要三代人的努力。否则，如果孩子因家庭富裕而四体不勤、傲慢虚荣、横行跋扈，那富裕不仅不是孩子成长的资源，反而成为孩子成长的祸害。

美国费城纳尔逊中学是美国最古老的一所中学，它是第一批登上美洲大陆的73名清教徒集资创办的。在这所中学的门口，有两尊用苏格兰黑色大理

石雕成的雕塑，左边的是一只鹰，右边的是一匹奔马。300多年来，这两尊雕塑成了纳尔逊中学的标志。

不过，这只鹰所代表的不是鹏程万里，它其实是一只被饿死的鹰。这只鹰为了实现飞遍世界的远大理想，苦练各种飞行本领，结果忘了学习觅食的技巧，它在踏上征途的第四天就被饿死了。那匹马也不是什么千里马，而是一匹被剥了皮的马。开始的时候它嫌它的第一位主人——一位磨坊主给的活多，乞求上帝把它换到一位农夫家。上帝满足了它的愿望，可是后来它又嫌农夫给它的饲料少。最后它到了一位皮匠手里，在那儿什么活也没有，饲料也多，可是没几天，它的皮就被剥了下来。

教徒们之所以把这两尊雕塑立在学校的大门口，为的是警醒学生们：真正能把人从饥饿、贫困和痛苦中拯救出来的，是劳动和生存的技能，而不是书本知识掌握的多与寡！

其实，无论是富养还是穷养，目的是为了提高孩子面对压力的能力，培养他们独立自主、坚忍不拔、自强不息、关爱自信的个性。

★ 比“养”更重要的是“育”

穷养和富养只是物质维度上的简单划分，金钱之于教育的影响固然有，但绝不是全部。养育孩子除了“养”，更重要的是科学地“育”，是父母的以身作则和科学指引。就像高尔基所言：“爱护自己的孩子，这是母鸡都会做的，但教育好孩子却是一门艺术。”因此，与其纠结于穷养还是富养，还不如通过种种方式，让孩子拥有健康的心理感受。

☆ 我是个很重要的人

这是最为关键的一条，父母必须让孩子感觉到自己很重要，而不是很渺小；被人重视，而不是被忽视。认识到自己重要的孩子更有责任感，更能体察别人的内心，也更能关注自己的成长，拥有积极向上的情绪。

心理学研究发现，很多犯罪分子其实是很自卑的人，从小的自我评价非常低，所以不把自己的性命和人生当一回事，得过且过，做事情从来不考虑后果。

“低评价”的心理认知往往源于家庭里的虐待、忽视、不公、讥讽等。就算没有这些，如果父母过于看重成绩、分数、评比，而对孩子本身的感觉、想法视而不见，也是一种心理挫折，最终也会让他觉得自己不重要，重要的是父母的面子、学校的排名，长此以往，孩子内心深处的沮丧就会日益沉重。

这时，如果还搞什么“挫折教育”，显然适得其反。父母要做的，还是要剥离所有外在的荣耀，接纳孩子，尊重孩子，让孩子觉得自己才是最重要的！

☆ 我有家人的陪伴

教育孩子，需要父母愿意为孩子付出时间、精力和爱心，更重要的，还需要父母懂得教育的专业智慧和专业技巧。孩子需要的是有质量的陪伴，这种陪伴不是父母坐在孩子身边刷手机，也不是跟孩子发号施令，而是要了解孩子，观察孩子的真实需求和情绪状态，让孩子感受到关爱而不被打扰，自然而然地正常化成长。

☆ 我有很伟大的使命

美国小学的课程作业中有一个著名的作业就是，记录家族前几代人的名字和出生地点，以及做过什么事情，甚至自己制作一个简明的家谱。在这个过程中，孩子真的可以把自己的生命使命感升华到更高的层次上去。

人如果有了历史眼光，就会更加坚强。即使眼前遇到困难，跟上下百年的家族历史上的困难相比，跟数千年民族发展史相比，根本不算什么了。

★ 穷养与富养有时候与金钱无关

穷养富养都不如教养。富养不等于溺爱，穷养也不是虐待。即使家庭经济收入不高，也不要把贫穷观念传染给孩子。即使再富，也不要娇惯孩子奢侈浪费。父母要把握适度原则，不能对孩子有求必应，更不能忽视对孩子良好品质的培养，如知恩图报、勤俭节约、自强谦卑等。如果一个人连起码的独立生存能力都没有，连对父母的感恩之情都没有，即便才华横溢，成就斐然，也算不上是一个正常化的人。穷养与富养，有时候与金钱无关。比如，没有条件带孩子去各地旅游、让孩子参加各种昂贵的夏令营等活动，那么，父母可以和孩子多读几本好书，培养孩子读书的习惯，也可以在假期带孩子多去参观当地的各种博物馆，这同样可以让孩子见多识广。

Wise counsel

锦囊妙计

※ “十全十美”的父母 ※

美国神经学家丽丝·艾略特（Lise Eliot）博士在她的《小脑袋里的秘密》一书中，从大脑神经学的角度解析了在协助孩子正常化的成长过程中，父母如何可以做得更好。她指出，父母们为了孩子的未来能做的事显然非常多，有时候甚至可能太多。如果世界上真有十全十美的父母，她会把全部时间奉献在照顾与教导孩子上。

追求完美的妈妈，甚至在怀孕前就开始保持体内的叶酸储存量，并且不许任何有丝毫嫌疑的化学物质存留体内。一旦怀孕了，她就滴酒不沾，绝不自己拿油枪加油，睡眠至少足够8小时，也绝不让自己有紧张压力。她会采用理想的、不施用药物、不会难产的方式分娩成功。然后她亲自喂孩子母乳，一直到宝宝会自己用便盆小便为止。她会知道如何给予宝宝恰当的刺激，而且不会刺激过度。她每天会花好几小时和宝宝共处，比如唱歌、搂抱、按摩、谈话、做运动、读故事、示范各种玩具和有趣的物件该怎么使用。她不会为了要准备晚餐或做其他杂务而把宝宝搁下超过半小时。

她会把家里布置成婴幼儿安全无忧的环境，让宝宝自由探索每个角落而几乎从不被喝止。她走到哪儿都带着宝宝，随时将全部注意力放在宝宝身上，宝宝若把药架上的维生素瓶子打翻，或是在糖果店里哭着要糖，她也绝不会生气。她会让宝宝结识别的孩子（每个孩子都有十全十美的妈妈），邀他们到家里来玩，并且在小客人离去后，高高兴兴地收拾家里的一团乱。她会让宝宝3岁时开始学外语和才艺（自己也跟着一起练，以便宝宝有现成的榜样），如果宝宝学得没兴趣，她也不会为白白缴了10个星期学费而心疼。她会送宝宝上完美的模范幼儿园，用不能亲子共处的时间吸收育儿方面的最新信息，并为宝宝安排各种新颖有趣、富于教育意义的活动。她当然不会独自做这些事，因为她有十全十美的配偶相伴，这位和她一样有爱心、会鼓励孩子、温柔体贴、懂得教导的爸爸，会和她一同陪着孩子一步一步成长。

世界上也许真有一两位这样的父母。他们的孩子也许会成为空前聪敏而有才华的人。然而，我们也许会想：父母的生活重心如果只有孩子，孩子能从他们身上学到什么？事实上，孩子从父母和其他照顾者那儿学来的，除了认知技能以外，还有如何工作、如何分享、怎样爱人，以及怎样享受人生。为人父母要记得，对孩子的认知能力与生活态度造成最大影响的，是父母的言传身教和榜样的力量，而不是耳提面命。

为人父母是艰辛沉重的工作。我们大多数人的时间、精力、资源都是有限的，只能尽力而为。似乎我们都希望能多做一点，做得更完美一点，几乎每位妈妈都希望自己能为孩子拿出更多时间、耐心、金钱。每当这个时刻，父母们不妨告诉自己：后天的教育固然重要，但遗传基因已经决定了一半。既然连十全十美的父母都不会有十全十美的基因，何不放松一点，好好欣赏孩子既有的这副模样？

那么，父母的哪些作风会对孩子最为有益呢？

心理学家做了详细的家庭观察，发现了与孩子智力及学业成绩最相关的几点。

按统计的标准，最理想的父母具有以下特征，首先是比较体贴，他们常给孩子身体上的亲密接触和情绪上的支持；其次是对孩子的事能多多参与，他们常把时间花在亲子共同的活动上；再次是对孩子的需求能积极响应，他们接纳孩子的个性，从旁帮助孩子解决困难；最后是对孩子也有所要求的父母，他们期望孩子行为合理且能独立自主，定下规矩要求孩子遵守。这些特质的比重随着孩子长大而有所消长，但每一项对于孩子成长的每一阶段都相当重要。

幼儿需要体贴爱护，需要搂抱亲哄，这是毫无疑问的，特别是对于刚刚出生的婴幼儿，安全感与呵护尤其重要，头两个月里若遭受到痛苦或压抑，会影响其一生！婴幼儿靠身体的接触茁壮成长，如果能够持续得到照顾者给予的温暖关爱和肯定的回馈，多半能有较佳的认知发展。身体的接触不但能给婴儿抚慰，也可以使婴儿处于最佳的学习情境，因为未满1岁婴儿的视觉与听觉都还不灵敏。1岁以后到入学以前，温暖关爱也一样重要，学龄前的较高智商与父母亲的亲密对待大有关系。对于较大的孩子，温暖体贴之情主要是以感情上的支持与鼓励呈现：一项以资优青少年做的研究显示，天资能否充分发挥的最重要且唯一的家庭因素，就是父母的支持态度。

积极响应与温暖体贴二者是密切相关的。响应积极的照顾者，不但要随时响应婴儿生理上的需求——喂食、换尿片、睡眠，也要响应婴儿对于刺激和活动的需要。“儿童常哭、暴躁、易怒，是因为他们正处于精神饥饿状态”，需要及时给予关注。除此之外，婴儿那些咿咿呜呜的发声也不是完全无意义的，他期盼你的回答，用你最原始、有趣的面部表情引他开心。言语的响应是婴儿语言发展不可或缺的，而且对孩子情绪反应的模式和自我意识的塑造都有重大影响。

总之，不论孩子多大年龄，良好的亲子响应态度都是一样的：真心倾听孩子诉说，耐心了解他要表达的意思，多多进行双向交流。敏锐而懂得响应的照顾者能感受到孩子的需求，会尊重孩子的个别需求，并且教导孩子尊重大人的需求。

积极参与是良好的亲子关系的另一个要素。坐下来和孩子慢慢玩是许多父母愿意接受的建议，但是，如何参与却需要一定的技巧。这里所谓的“参与”并不是指开车送孩子去上才艺课或与安排好的玩伴会合，然后坐在一旁和别的大人闲聊或看手机，而是指直接的、一对一的互动，把全部的注意力集中在与孩子同做的活动上。也许是共读一个故事，或唱一首歌、用砂子筑一座城堡、在户外散步、帮忙孩子做功课等。许多研究都发现，孩子的智商或学业成绩和与父母共同活动的时间，亦即一般所说的“优质时间”的多寡是相关的。

什么样的共同活动最能促进孩子的认知发展？有一些父母以为主要是教小孩子认字、阅读、数学之类，其实不然。父母不必为了激发孩子的智力潜能天天教幼儿认字卡，这样提早教识字或算术虽然可以使某些孩子受益，但效果都是短期的。真正能产生长远效果的是，培养孩子对学习保持的兴趣、勤奋态度和坚持到底。要将孩子的兴趣投注在特定的东西、观念、感觉上，即蒙台梭利博士称为的“工作”上，多多支持婴幼儿的专注力发展，能使孩子比欠缺母亲鼓励者聪明。

幼儿如果有很强的学习兴趣与专注力，语汇会增加得比较快，会比较喜欢探索，从4岁起至18岁的智商测验都会取得较高分数。

由于婴幼儿很容易对习惯化的事物厌倦，维持他们兴趣不减的上策是，用多样方式呈现同一个主题，例如，拉着孩子的手臂朝不同的方向动作，指着肢体的不同部位引起孩子注意，让孩子专注于不同的颜色、形状、声响。自小鼓励孩子专心，有益于培养他日后应对更艰难挑战时必需的耐力与动机。

如果孩子已在学走路或已上幼儿园，父母可以选自己喜欢做的事来引导孩子的兴趣，以发展孩子的专注力与意志力。例如捉蝴蝶、拼接小火车、烘烤点心、园艺、绘画、折衣服，当然也少不了阅读。孩子本来就喜欢跟着父母学习新的事物，通过亲子活动与工作，让他们感悟到完成一件事、试验、发挥创意是多么有趣的事情。在亲子活动中，父母通常可以诱导孩子比他独自做时做得再多一点，再努力一点，从而使孩子感觉自己有能力，以后做其他的事会更有信心。亲子活动也让孩子亲自体会大人的想法是怎么一回事，并且学习观察、组织、记住细节，当然能从中领会运用智能更是一件乐事。

对进入小学以后的孩子，亲子活动仍是重要的。父母不论是在足球场边为孩子加油、帮忙孩子做功课、带孩子进行期盼已久的露营之旅，孩子都一样因为有父母参与生活而受益。

延伸阅读

父母的使命

——选自《蒙台梭利幼儿教育法》

孩子呱呱坠地，不仅为我们带来初为人父人母的喜悦，随之而来的还有将幼小的生命抚育成人的神圣职责。孩子因爱而生，作为父母，必须了解自己的孩子，也必须明白所承担的职责与使命。

蒙台梭利曾指出：“父母并不是子女的创造者，只是孩子的监护人。父母必须承担崇高的使命，去保护儿童，并深切地关注他们。为了完成这个使命，父母应该净化大自然赋予他们的对子女的爱，并尽力去明白这份爱是藏于内心深沉情感的外露，决不应对它留有私心或加以怠慢。这是一个重大的社会问题，父母应该关注到这个问题，并为儿童的权利做斗争。”

我们知道，家庭是孩子学习和生活最重要的环境，是影响儿童成长最重要的“领地”。父母是孩子最重要的老师，特别是对于3岁前的婴儿，父母作为教育者的角色无人能够替代。在家庭中教育自己的孩子，是大自然给予父母的宝贵机会，也是令人激动又富有挑战性的教育使命。肩负使命而行，哪里才是正确的方向？

幸运的是，蒙台梭利给我们指明了行动的方向：“儿童的发展不是取决于外部的说教，而是取决于自然规律，这才是人类行为的源泉。儿童只有在自由有序的环境中，才能得到更好的发展。”我们建议年轻的父母，尽早让孩子受到蒙台梭利教育的熏陶，使孩子成为兼具秩序、专注、精细、独立、自信、关爱等诸多优秀品质的人。

蒙台梭利极为重视家庭教育，并一再呼吁蒙台梭利教育必须实现家园共育。在家庭中，如何实施科学的蒙台梭利教育，是我们所要关注的核心问题。作为父母——家庭中教育的实施者，同时是儿童成长的陪伴者，首要任务就是要依据儿童成长的自然规律，为儿童创设一个适宜的成长环境，以满足其发展的需要。

但在现实中，父母甚至社会总是忽略了“父母是孩子的第一任老师，也是最重要的一位老师”这个重要角色。特别是随着当今社会的生活节奏加快，父母工作与生活的压力倍增，单亲家庭的数量也在不断增长，这些社会现状，使父母多花点时间陪伴孩子都成为一种奢望，更不要指望父母去关注或思考儿童的发展了。

蒙台梭利认为，父母有一个重要使命，就是为孩子在社会中建立一个适宜的环境。我们知道，儿童是未来世界的创造者，是儿童创造了人类本身，因此，儿童的社会权利必须得到认可。也就是说，人类想要进步与发展，必须通过儿童来实现。所以，全社会都应该把儿童的需求放在首位，并把尊重儿童生命成长的自然规律作为教育的出发点，只有这样，我们才能为儿童创建一个适于其成长的世界。

“儿童是人类的未来，我们只有将注意力和精力全部用于对儿童的了解上，才能开发他们从事建设工作的巨大潜力，解决人类的问题。‘新人’的培养有赖于‘新教育’。蒙台梭利提出，我们必须建立一种从婴儿时期就开始的‘新教育’，这种教育必须符合儿童发展的自然规律，而非出于成人的主观偏见。这种教育应该提供儿童适宜的环境，满足他们的内在需求，让儿童在自由选择和独立活动中得到充分发展，使其生命力得到最充分的体现。”

然而，令人遗憾的是，我们的社会和家庭并没有去这样做，反而把大量的财物花费在追求豪华与奢侈以及技术的开发上，这直接造成了人类生存环境的严重污染以及社会的失序，诸如贪婪、冲突、犯罪、贪污与腐败等现象横行于世，最终造成了社会道德伦理的缺失，甚至是信任危机。

其实，早在一百多年前蒙台梭利博士就曾深刻地指出："我们社会所犯下的最大罪行，就是把应该花在儿童身上的钱财，浪费在摧残儿童和破坏社会本身上。当社会急需钱财的时候，一定会先削减学校方面的经费，特别是削减幼儿学校的经费，殊不知学校正是庇护人类生命种子的地方。这是人类最大的罪恶，也是最大的错误！社会甚至没有觉察到，把这些钱财用于导致毁灭的事物上时，正是在对社会进行双重的破坏，一方面没有保护幼小的生命，另一方面又带来了灭亡。实际上，这两件事情出自同一个错误，只是体现在两个不同的方面而已。"

蒙台梭利经历过战争带来的痛苦，她一生都在致力于儿童的教育，深信只有儿童的内心是平和的，只要他们身心发展得到满足，他们就会成为一个正常化的人，就会给未来的世界带来和平。儿童才是新人类的种子，确保了人类的生生不息。因此，父母、家庭与社会都应该慷慨地给予儿童最多的关怀，这样我们的社会才可以从儿童那里获得新的能量和潜力。可是，成人往往忽视并遗忘了儿童的权利，也没有认识到儿童的价值和力量，更没有发现儿童的真正本性。

"儿童是人类的未来，是社会文化的传承者，他们的思维方式和精神世界的发展决定着人类的发展，因此儿童必须得到尊重。成人应该试着以儿童的视角看世界，给儿童创设适合他们生存和发展的环境，使他们在成人的帮助下学会照顾自己、关注环境、传承文化、实现自由。”

今天，虽然人类文明已经取得了巨大的进步，但成人还远没有挖掘到儿童精神世界中所蕴藏的宝贵财富。“儿童具有一种未知的力量，这种力量可以引导我们进入美好的未来。如果我们真的想革新这个世界，教育就必须将开发儿童的潜能作为目标。”

大自然让父母给予孩子生命的同时，还赋予父母一个很重要的使命。父母必须有足够的智慧去关爱儿童，并能够联合起来，改造社会，拯救儿童。从这个意义上来讲，父母肩负着一个神圣的职责，他们掌握着人类未来的命运。

“成人的每一个行为都会对儿童产生影响，不仅会影响儿童的现在，而且会影响儿童的未来。”父母必须自我反省，持有一种开放的心态，时刻牢记自己所承担的这个崇高使命。

正如蒙台梭利所言，“帮助儿童就是帮助人类的未来”。因此，父母乃至全社会都应该放下自己的偏见、愤怒与傲慢，学会谦卑、宽容与尊重，去了解孩子、观察孩子、接纳孩子、欣赏孩子、陪伴孩子、帮助孩子，尊重孩子生命发展的自然进程，“所有的人都应该参与此事，不论国籍、种族和社会地位，因为这是人类精神文明进步不可或缺的因素。”

作为父母，有缘结识了科学的育儿方法，知道了儿童成长的秘密，理解了儿童的成长遵循自然规律，就要坚定信念，勤勉行证，积极实践，做睿智的父母。

2

不暴躁，好脾气是培养出来的

破解“熊孩子”的行为密码

“不谈学习，母慈子孝，连搂带抱；一谈学习，鸡飞狗跳，呜嗷喊叫；让老人血压升高，让邻居不能睡觉；前一秒如漆似胶，后一秒叮咣就削；我们给孩子的爱，像极了一句歌词：爱恨就在一瞬间！”这是网上流传很广的一个描述家庭教育的段子，它道出了很大一部分家庭教育的实情。这背后，是父母面对子女教育的一种深深焦虑。

★ 分数成了评价孩子是否优秀的标准

在高考指挥棒下，很多父母将考试成绩作为评判子女是否优秀的标准。在一些所谓“专家”或“心灵鸡汤”的忽悠下，为了让孩子“不输在起跑线上”，学区房、补习班、智力开发班、兴趣班……当父母的几乎是十八般武艺齐上，目的只在于提高孩子的学习成绩。

因此，面对孩子的学习，父母心情好的时候会对孩子循循善诱，一旦心情烦躁失去耐性则如即刻爆炸的火药桶，对着孩子大吼大叫。但无论你是“风和日丽”，还是“暴风骤雨”，孩子真的会按我们的方式去做吗？

毫无疑问，当今的父母比以往任何时期的父母，更竭尽全力地给了孩子最好的一切。但是，有一个事实是父母不得不去正视的，那就是，你把最好的一切给了孩子，有没有考虑过：你所给的是不是孩子所需要的？你所安排的又究竟是不是孩子喜欢的？特别是在儿童的教育方面，父母总是希望把自己二三十年人生知识和经验，一下子全部灌输到孩子头脑中去，试问，孩子能接受吗？

显然，这是一种典型的拔苗助长、急功近利的心态，只不过是父母的一厢情愿罢了。拔苗助长的寓言故事已经告诉我们植物的生长是有规律的，如果急于求成，违背生长规律，最后的结果就是适得其反。植物如此是，教育子女也是一样的道理。

★ 父母是一份专业性很强的工作

家庭是孩子的第一个课堂，父母是孩子的老师，每一位父母都有可能成为教育家。众所周知，一个人要从事某项职业必须经过专门的训练。比如，要从事车床操作，必须先熟悉机器的各个部件、开关等，之后还要掌握如何操作，制作流程，应遵守的规则等；要想驾驶机动车上路，必须先去驾校学习交通法规，然后找教练熟悉开车技能，之后通过考试取得驾照之后才可上路……但为人父母，肩负培养下一代的重要任务，却没有接受任何培训或资格考试。为人父母是一份专业性很强的工作，可是，很多做父母的却缺乏必要的专业素养。

很多父母有过这样的经历：在怀孕的时候，一家人就会想象宝宝出生后如何让孩子开心快乐，如何教育孩子，要将自己的宝贝打造成一个什么样的人……理想的确很丰满，但现实却很骨感，随着孩子出生并慢慢长大，父母发现自己的想象与现实如此脱节。

★ 教育问题会让父母手忙脚乱

从孩子的婴儿期开始，就会频繁出现各种问题，有些问题会搞得父母焦头烂额。

从没白没黑地喂奶、换尿布等手忙脚乱的日子开始，到一次次地辅导功课，a、o、e、+、-、×、÷……父母会发现，即使自己变成“百变星君”，也难以应付孩子的各种问题。

在孩子没有出生之前，准爸爸准妈妈们想象的未来场景很可能是这样的——当你提醒孩子快去做作业的时候，孩子说：“好的，马上就做。”想象自己的孩子，遗传了自己的高智商，从幼儿园开始就是优秀的人人羡慕的“学霸”……而现实往往可能是——在你反复提醒孩子去写作业的时候，孩子依旧坐在电视机前一动不动，直到你忍无可忍，强行关掉电视，孩子才慢吞吞坐到桌子边上，摊开书本，但没写几个字，铅笔又断了，于是削铅笔又花去了几分钟的时间……在孩子未出生前，你想象着自己家里衣食无忧，夫妻双方都是211高校毕业，年薪百万，孩子一定是懂得分享的孩子，但真实的情况可能是，孩子压根就不愿意与人分享玩具……

面对这些“骨感”的现实，做父母的会变得怒不可遏，因为很难接受真实的情况，因为想象中的孩子，与现实里的孩子是截然相反的两种类型，导致了心理落差。

这就是理想和现实的差距。就这样，一代又一代的父母在教育孩子的问题上自己都不明所以，感到迷茫和畏惧，甚至丧失了信心。父母“虽然在照料和教育孩子上殚精竭虑，但还是发觉自己恍若置身于困难重重的迷宫，无力自拔，仿佛一直徘徊在一个根本没有出口的密林之中”。

★ 父母忽略了儿童成长的自然规律

“其实，父母并不知道，他之所以会迷路，都是由他自己造成的。造成这种困境的主要原因其实很简单，就是父母自己。因为父母忽视了儿童的成长是依据自然规律这一客观事实，也不了解处于这一生命进程的儿童的内在需求与我们成人所想的完全不同。”

很多情况下，都是父母不了解孩子的真实需求，读不懂孩子的心思，认为孩子“不乖”，只有处罚才能纠正孩子的“缺点”。其实，孩子都是好孩子，很多所谓的“毛病”都是孩子身边的成人造成的，只要成人意识到并改正了，这些“毛病”就会慢慢消失，孩子自然就会回归正常成长的轨道。由于我们对孩子的不甚了解，造成孩子的一些缺点，这在孩子成长过程中是一种常见的现象，随着孩子的慢慢长大，加上父母自己的改正与正确引导，这些缺点会慢慢消失，如果父母一味以处罚的方式去纠正，就违背了孩子的正常生长发育的规律，无论在心理上还是身体上都会给孩子造成极大的伤害。

★ 注意儿童心理发展的4个阶段

从心理学的角度来讲，人的一生会经历不同的心理发展阶段，并且有明确的划分，各阶段所表现出的特征各异。当一个心理阶段结束后，另一个心理阶段也就随之而来，后面一个阶段的发展是以前一阶段的发展为基础的，这就是儿童成长的阶段性发展定律。

蒙台梭利把儿童心理发展划分为4个阶段，依次为，0～6岁的幼儿期，6～12岁的儿童期，12～18岁的青少年期，18～24岁的成熟期。

蒙台梭利认为，0～6岁是人一生中最重要的时期，她也认为12～18岁这个阶段有着类似于0～6岁的特点，处于这两个阶段中的孩子在生理、心理上经历巨大的、活跃的、不稳定的变动和发展，这种巨变甚至可以和“破茧成蝶”的蜕变类比。

婴儿一旦脱离母体，就如同射出去的箭一样，会朝着自身独立的发育方向奔去。在这个发展过程中，他们将不断克服各种各样的阻力，努力完善自身，这是因为在他们的身体里存在着一种巨大的力量，这种力量在不停地发挥作用。

这种“自然发展”的基本体现，正是孩子对独立自主的要求，只要成人对孩子的自然发展给予应有的帮助，他们就能够实现自身的独立。无论是心理上，还是身体发育方面，都是如此。作为父母，我们能做的只是：帮助儿童完成大自然赋予他们的工作！

"撒泼打滚"，乖宝宝成了随时爆炸的"火药桶"

从出生起，因为爸爸妈妈工作太忙，牛牛基本上由姥姥姥爷来照顾，两位老人对宝贝外孙的照顾可谓无微不至，不愿意对牛牛说一句硬话，对于牛牛提出的要求也是百依百顺，尽力满足。

有时候，当姥姥姥爷不能满足他的要求时，牛牛就会大哭大闹，甚至躺在地上打滚直到老人答应他为止。养成习惯后，即使面对爸爸妈妈，只要不顺心，牛牛就会大哭大闹以获得爸爸妈妈的妥协。上幼儿园后，牛牛在幼儿园也用同样的方法违背老师的要求，这让牛牛的爸爸妈妈倍感"头疼"。

★ 从"小天使"到"小恶魔"

牛牛的这种表现是家庭过于娇惯造成的，而一些平时对孩子管教严厉的家庭也会遇到类似的情况。

在一个周末，5 岁的瑞瑞从早上起床就打开电视看了一上午的动画片，吃过午饭之后，又跑到客厅，拿起遥控器准备打开电视机，想继续看下去。

瑞瑞的妈妈不同意，跟他说，"上午看电视的时间太长了，眼睛受不了，明天再说。"

瑞瑞向妈妈讨好地说就看最后一集，并随手要去按下遥控器的开关，结果还是被妈妈阻止了。

见妈妈的态度如此坚决，瑞瑞急得跳了两下，干脆将遥控器摔在了沙发上，并趴在地上，连滚带爬，大声哭闹起来，一边哭一边喊："我要看，我就要看！"

妈妈见此情景一把将他从地上硬拉起来，严厉地告诉他，"你今天看电视的时间已经用光了，我说不能再看，就不能再看！"随后妈妈过去将电视电源的开关也关掉了。

但出乎意料的是，妈妈还没有转过身，就发现遥控器从自己的身后飞来，砸

在了墙上，原来是瑞瑞把放在沙发上的遥控器，向她扔了过来。

见此情景，瑞瑞的妈妈大吃一惊，更令她难以理解的是，平时自己的儿子表现一直都很乖，这次因为不让看电视，竟然做出如此“极端”的事情来。孩子明明前一秒还是“小天使”，而后一秒就变成了“小恶魔”，这让很多妈妈束手无策。

★ 读懂孩子的情绪

其实，在大多数情况下，孩子的愤怒甚至歇斯底里，是在向父母释放一个信号：“我是对的。”要平息孩子的暴躁情绪，就需要读懂孩子愤怒背后的潜在表达密码。如果一味通过语言呵斥或者肢体暴力来压制这种情绪，就好似往孩子情绪的仓库里埋下了更多的“炸药”，提高了下次“爆炸”的威力。

面对正处于愤怒中的孩子，最忌讳的就是父母自己的情绪也受到“感染”，脾气比孩子还愤怒。毫不奇怪，当孩子开始哭的时候，大多数父母都会很心烦，因为在他们看来，孩子的哭声意味着做父母的无能，内心一定会感到很恼火、不安，甚至愤怒。此时，一定要调整好情绪，千万不要“腾”一下，“以暴制暴”，以免适得其反。

有时候，孩子发脾气是情绪的宣泄，并不需要过多干预。比如，孩子一边嘴里说着“凭什么”，一边还是照着做了，这属于轻度的情绪爆发，父母可不必干预；当孩子生气了，躲进自己的房间，并且“砰”的一声将房门关上，这种情绪爆发最好也别插手，给孩子时间让他慢慢平复，之后父母再和他平心静气地进行沟通。但是，如果你和孩子发生冲突时，孩子不停地尖叫、嚎叫，始终停不下来，甚至扔东西，打人、踢人……对于此种情况，父母要及时干预。

★ 父母冷静，孩子才会平和

面对孩子爆发的脾气，父母首先要做的是保持自己的理性与平和，接纳孩子的情绪，父母冷静了，孩子才会更容易平复情绪。同时，父母应该鼓励孩子用语言表达出自己的需求和欲望，当孩子的表达能力尚未完善时，父母可以代说出自身的感受，比如，“宝宝，你现在是不是感觉到很生气”“妈妈知道你现在觉得很难过”……

孩子愤怒的时候，如果你用驱赶或者压制的方式来控制他们，只会使他们的消极情绪长期弥漫，甚至与日俱增，破坏孩子的灵性。要知道，比愤怒更加可怕的是孩子慢慢成为不会表达愤怒的人。

其实，孩子哭泣暴躁，乱发脾气，是在向父母发出警告，最常见的原因不外乎以下几种：

☆ 为了引起父母的重视

有的父母在家里不注意陪伴孩子，不是忙着看手机，就是处理家务或者工作，孩子觉得受到冷落，就会借故哭闹。遇到这种情况，父母即使再忙，也应该暂时停下手头的工作，和孩子玩一会。

☆ 为达到自己的目的

有的孩子如果大人不给买玩具、食物或看电视、玩游戏的机会等，就会通过哭闹来争取，特别是之前通过这种方法取得过成功的孩子会闹得更凶。因此，父母平时就要建立孩子的规则意识，与孩子一起制定规则，让孩子体验什么是限制。比如，允许购买玩具的个数和价格、看电视玩游戏的时间，等等。当孩子第一次出现违背规则的情况，就必须坚决而温柔地制止，不要姑息。

即使孩子已养成不遵守规则的习惯，父母及时采取措施纠偏也不算晚。方法就是不随便满足孩子的无理要求，如果难以通过说服来制止孩子的哭闹行为，可用“无视”的办法，让其哭闹下去。在经历几次这样的失败之后，孩子知道靠这种方法无法达到目的时，这个习惯也就会慢慢改掉。

☆ 害怕处罚

有的孩子犯了错，害怕受到大人的责骂，就通过一哭二闹的方式，企图先发制人来逃避责罚。因此，问题还是出在父母，为什么孩子犯了错误就非要惩罚？遇到这种情况，父母要区别对待：要是孩子无意犯的错，要给予原谅，告诫他以后注意就行；假如孩子有意犯错，要进行批评，让他意识到哭闹解决不了问题。关键是要让孩子意识到自己错了、错在哪里，并知道如何改正。

☆ 感到恐惧或无助

如果一个人感觉受到威胁，无论是人身安全受到威胁还是价值观受到威胁，都会本能地感到恐惧，继而转化为发脾气，宣泄出来。愤怒的孩子看起来气势汹汹，其实内心是惊恐不安的。这种愤怒就好比是一道“铁丝网”，父母必须越过它才能靠近惊恐而又痛苦的孩子。一旦学会如何靠近愤怒的孩子，我们就可以帮助孩子找到愤怒的主要原因。

记住，与愤怒中的孩子是无法讲道理的，不要试图告诉孩子谁对谁错，这样只能使孩子认为没有人关心他、在乎他。此时，你只需坚持留在他身边，爱抚他，允许他大发雷霆。如果你能保持亲切温和的态度，孩子最终平静下来后，能够记起父母对他的爱。之后，孩子会变得愿意与大人沟通。

☆ 父母的言传身教

“教育，就是一棵树摇动另一棵树，一朵云推动另一朵云，一个灵魂唤醒另一个灵魂。”家庭教育“这个大课堂”更需要父母时时处处以身作则，做好孩子的榜样。

如果父母爱发脾气，或者经常当着孩子的面吵架，孩子在这样的家庭氛围中耳濡目染，长此以往，将来也会是一个性格暴躁的人。此外，父母在孩子教育的问题上态度不一，一个在管教的时候，另外一个在旁边袒护，这让孩子分不清自己到底是对还是错，感觉有了“靠山”，他们也会变得肆无忌惮、动辄哭闹。

因此，父母的言传身教很重要。合格的父母不一定能培养出优秀的孩子，但不合格的父母一定培养不出优秀的孩子。脾气暴躁的父母，在孩子面前要有所收敛，控制自己，更不要当着孩子的面吵闹，甚至大打出手。目睹父母吵架，对孩子来说，是“最恐怖的画面”，影响可能会伴随终生。在父母经常吵架的家庭中长大的人，他们的内心始终是缺乏安全感和认同感的，是敏感而脆弱不安的，遇事容易出现不可控的紊乱状态。他们心理上的距离感使得自己与他人的关系变得疏离。

★ 夫妻关系影响孩子情绪

父母吵架有两种可能性会引起对孩子长久的伤害：一种可能性是，父母长久以来互相不满，吵架后分居；长期的争吵和分居直接影响到孩子，引起长期的忧郁；另一种可能性是，吵架吵到分居的父母是一对“怨偶”，吵架和分居虽然没有直接影响到孩子，但是孩子能够感觉到父母非常不快乐，而这种感觉会严重影响孩子的心理发展，最终导致长期的抑郁或自卑。

另外，父母也不要在孩子面前信口开河，想说什么就说什么。在任何时候，父母都要把控好言语的尺度。父母说过的话会在孩子心中留下印痕，孩子正处于成长期，还没有完全树立自己的人生观、价值观、世界观，这个时候，父母的每一句话，每一个行为，都是有代表性和教育意义的，极有可能对孩子的一生产生重大的影响。切记，好印痕产生好影响，坏印痕只能产生坏影响。

★ 巧妙安抚孩子的暴躁情绪

有时候，孩子会在公共场所哭闹得歇斯底里。比如，带孩子去逛商场，走到玩具店的时候，孩子会赖在店里不走，如果不能满足他们购买玩具的愿望，就会大哭大叫。在这种情况下，比较恰当的处理方式是把正在撒泼打滚的孩子带到一个比较隐蔽的地方，这样方便你控制局面。如果你能带点幽默感最好，比如，一边抱着孩子往外走的时候，一边说：“看来我们的沟通出了点问题，让我家这位小朋友先出去安静一会再回来。”接下来，你可以将孩子带回车里，或者比较隐蔽的街角，等他的情绪慢慢平复下来。

再回到上面瑞瑞妈妈遭遇的孩子沉迷于电视的问题。孩子喜欢看电视与孩子的注意特点有关。动画片的各种造型、不同的声音、鲜艳的色彩等，都非常符合幼儿时期的注意力特点。

生活中，还有的大人为了能在带孩子这件事情上省点力气，常常通过看电视或玩手机的方式让孩子安静下来，让他们与一款游戏或者几部动画片度过好几个小时。虽然孩子安静了，但长此以往，对孩子的成长也造成很多不好的影响。比如，在我的幼儿园的教室里，我就发现一名三岁大的孩子总是不停地眨眼，通过与母亲沟通了解到周末爸爸让孩子看电视时间太长。还有报道称，一名两岁孩子的母亲，近日发现孩子看东西时总不停眨眼，晚上连睡觉都变得很困难。情急之下，母亲赶紧带着孩子去医院检查，结果发现孩子患上了干眼症，而罪魁祸首就是玩手机时间太长。更让人诧异的是，这个

孩子被带到医院的时候，手里还拿着手机在玩切水果的游戏。检查的时候，孩子父亲把手机拿走，孩子就开始哭闹，等拿回手机，孩子又恢复了正常。

在电子产品泛滥的当下，沉迷于游戏的孩子越来越多，无论是城市，还是乡村。也许若干年以后，这些孩子回忆自己的童年时，印象最深刻的就是低着头抱着手机或者平板电脑玩游戏。这样的童年怎么能谈得上快乐?

其实，孩子并不是真正喜欢游戏，只是没有什么感兴趣的事情可做，孩子的成长需要工作。“成人没有给儿童提供足够的获取成就的工作机会，取而代之的是给他们购买一些昂贵的玩具，让他们沉迷于此，免得麻烦或打扰我们。殊不知，成人给儿童的所谓的智能玩具，绝大多数并不能满足儿童的发展需要，它们无法实现儿童与真实世界的有效连接。如此这般，这些玩具就成为儿童挫败感的来源，所以也就根本无法长时间吸引他们的注意力。”

★ 少用电子产品“哄孩子”

为什么会这样呢? 蒙台梭利指出：“在儿童的生活中，玩具和游戏也许只占很小的分量，是由于没有更好的事情做，他们才去玩的。当儿童觉得有更重要的事要去做时，他是不会去做那些在他看来是琐碎的活动。他认为做玩具游戏就像成人在下象棋或是打桥牌一样，只是闲暇的一种快乐消遣而已。”

一般情况下，不建议6岁以下的孩子看电视。如果非要看，需定好规则，比如，每次看电视的时间尽量不要超过20分钟。但是需要注意的是，当孩子看电视入迷时，父母马上关掉电视肯定会惹怒孩子，不如采取吸引注意力的方法，用孩子平时喜爱的玩具或者游戏吸引他，帮助孩子将思维意识从电视中拉回来。为了减少电视或手机的干扰，大人可以依据孩子的敏感期布设适宜而丰富的环境，或者多带孩子参加户外活动，帮助孩子找到新的兴趣转移点。最重要的一点，那就是父母要做好榜样，不要总是当着孩子的面玩手机、打游戏，孩子一开始是不知道电子产品那么有意思的，是父母开发并引导了孩子对电子产品的好奇心。多陪伴孩子，才是阻止孩子迷上电子产品的最好办法。

Wise counsel
锦囊妙计

※ 如何批评淘气的孩子 ※

一个星期六的上午，爸爸妈妈带着8岁的豆豆和3岁的妹妹小雅一起去动物园，在路上，豆豆不停地和妹妹说话。她告诉妹妹，等一会到了动物园，里面的老虎会咬掉她的手指头，动物园旁边建有专门抓小孩的房间，一旦妹妹做错任何事，就会把她一个人关到房间里。听了豆豆的这些话，妹妹小雅被吓得哭了起来，并要立刻回家。在一旁的妈妈也很生气，她不明白平时对妹妹很友好的豆豆，今天为何如此表现。

“豆豆，不要这么吓唬妹妹了。你平时都很照顾妹妹的，你教小雅玩玩具，还分享你的布娃娃给她，妈妈做饭的时候，你还帮助妈妈照看妹妹。但是今天你对她的表现却一点也不像做姐姐的。你这么吓唬她，她只会变得越来越胆小。豆豆，你应该向妹妹道歉！如果你再吓唬她，今天一天你就不能再玩ipad了。”

☆ 指引孩子做出正确行为

类似这类批评是最理想的。豆豆吓唬妹妹，使得她对动物园产生恐惧心理，这种行为应该得到纠正。妈妈在批评中指出具体与暂时的行为问题（“今天……吓唬”），同时指出这种行为不是豆豆一向就有的（“很好的姐姐”），妈妈用实际的例子（“你教妹妹玩玩具”“分享布娃娃”“照看妹妹”）来指出问题并非一般性，使豆豆能以己为傲。妈妈告诉豆豆她必须做的特定的事（“向妹妹道歉”），以及如果再继续捉弄会有何等后果（“不能再玩ipad了”）。

豆豆从妈妈的批评中接收的信息是：我平时是个很称职的姐姐，但今天我对妹妹不友好，应该道歉。妈妈指引豆豆做出正确行为，而没有指责她的个性。

☆ 不要抹杀或责怪孩子的个性和能力

与上面的不同，我们还可以假设妈妈是以下面的方式批评豆豆：

“豆豆，你太烦了，你总是惹人生气。今天全家本来要高高兴兴去玩，结果让你把好心情全部破坏了，你为什么每次都这么顽皮，弄得大家真扫兴！”

这种批评就不利于孩子的成长，它将豆豆的个性一笔抹杀。豆豆被称为顽皮小孩（个性上的），及被批评总是破坏父母的计划（永久性及不能改变的）。孩子接受这种批评后所得的信息是：“我是个很坏的人，妈妈希望我不是她的孩子，我总是搞坏她所做的事。”豆豆会觉得自己没有价值，唯一能够做的就是很情绪化地从中退出。

父母在批评孩子的时候，要注意两点：一是准确指出孩子的错误之处；二是应该用乐观的解释风格来批评孩子，避免责怪孩子的个性与能力。

☆ 体罚害处大

批评一旦升级，还有的父母会对淘气或者做错事的孩子进行体罚，也就是那句老话：棍棒底下出孝子，娇养造就忤逆儿。即使到了今天，很多人依旧认为，体罚能够让孩子尊敬权威，激发良好的行为，是家庭教育不可或缺的一个手段。但是，一些研究者认为，所有的体罚都接近于虐待孩子，暴力只会引起暴力。一个经常被父母打骂的孩子，会认为爸爸妈妈不喜欢自己，慢慢地从心底里也觉得自己很差劲，是个坏孩子，当孩子把自己的价值定义为坏孩子的时候，他们就只能按照坏孩子的方式生存了，要么暴力乖张，要么孤僻软弱。

研究发现，体罚会产生短期和长期的消极影响，除了有身体伤害或虐待的危险外，童年期体罚的消极影响还可能包括缺乏道德的内化，亲子关系恶劣，孩子攻击行为、反社会行为和不良行为增加，心理健康程度降低。延续到成年期的后果可能包括攻击行为、犯罪或反社会行为、焦虑症、抑郁症、酗酒、虐待配偶或孩子等。

有的父母会问，打完孩子后我会和他讲道理，也会拥抱孩子让他感到父母的爱。实际上，这样做是减轻体罚对孩子造成的伤害，打完孩子再给孩子爱的拥抱，即使孩子明白了打他的原因，但伤害和坏影响还是无法避免的。挨打后，孩子得到的印象是“我做错事就得挨打，不能反抗，要赶紧认错才能得到宽恕”。时间一长，孩子会为了避免挨打而主动认错，却不一定知道自己错在哪里，也未必会真心改错。

经常打骂孩子，也会降低父母在孩子心目中的价值，因为只有无能力的父母才会选择体罚来教育孩子。体罚很简单，但会失去孩子对你的尊敬，也会使你的思维方式僵化而无法学习正确的教养方法。

延伸阅读

认清父母的角色

——选自《蒙台梭利幼儿教育法》

◎ 父母要学会经营与孩子的关系

对儿童而言，家是世界上最安全最亲切的地方，所以家庭和谐对儿童的成长极为重要。孩子从离开母体的那一刻开始，就在努力学习成为一个独立的人。因此，父母要给孩子追求独立的自由，也要学会经营与孩子之间的关系。教育的本质是父母的自我修行，父母自我反省得越深，就越谦卑，父母成长是教育孩子的前提。其实，儿童的所有问题，都是父母自己的问题投射，而儿童仅仅是这些问题的"表达者"，是儿童帮助我们认识到了自己的错误，从这个角度来看，也可以说"儿童是成人之父"。

蒙台梭利发现，在我们的社会中，大多数的父母都不能完成此任务。许多父母读不懂自己的孩子，甚至根本就不想去了解自己孩子的真实世界。取而代之的是，"成人的心思集中在征服上，除此之外，似乎没有其他重要的东西存在。人类的精力在竞争中被挥霍和削弱了，他们只会从自己的逻辑和视角去看待儿童，他们会把儿童看作一种'另类'，并且远远地躲开这种'无用的生命'。在所谓的教育中，成人一直试图把儿童引向自己的生活轨道。如果成人变成了蝴蝶，他就会去弄破幼虫的茧，鼓励幼虫飞。或者如果他是青蛙，就会把蝌蚪拉出水面，让它在陆地上呼吸，并且想要把它的皮肤变成绿色，因为青蛙自己的皮肤就是绿色的。"

父母或多或少都是用这种方式来对待孩子的，他们向孩子炫耀自己的成熟、完美和经验，企图把孩子纳入自己的生活方式，并把自己作为孩子学习的完美榜样。更有一些父母，把历史人物树立为儿童的榜样，希望孩子将来能跟他们一样，去实现父母自己没有实现的愿望或私欲，还冠以“爱”的名义，将自己伪装起来。然而，父母并没有意识到，甚至根本就不愿去多想，儿童生命发展所需要的恰恰是一种与他们想法不同的环境和生活方式。

◎ 跟随儿童成长的脚步

“成人让自己代替了自然，摒弃了生命的规律，以自己的意愿和意图取而代之。”对此，身为科学家的蒙台梭利曾注意到，在自然界连低等生物为了保护及养育自己的后代，都会经历根本上的变化。所以她一再呼吁，作为人类，更应该从根本上改变育儿观念，了解儿童生命之初发展的自然规律，跟随儿童成长的脚步，理解孩子、接纳孩子、欣赏孩子，从而去保护和科学地养育孩子。

父母需要系统地研究自我，使自己的内心做好准备，“他们必须从一开始就研究自己的缺点与坏脾气，而不是过分关注‘儿童的脾气’，或者‘纠正儿童的错误’。只有先清除父母自己眼中的沙粒，才能清楚地知道如何消除儿童眼中的尘埃。”

然而，令人迷惑不解的是，人类本身始终没有表现出这种本能，儿童也没有在很大程度上享受到这一权利。“我们在打扰孩子时既不感到内疚，又丝毫不加考虑，就像主人对待没有人权的奴隶一样，没有一丝一毫的尊重。”

造成人类这种状况的原因是什么呢？人类是生物进化的最高级形式，人类是环境的主人，拥有智慧，充满潜能与力量，其优越性是其他生物无法企及的。但是，作为自身环境的设计师、建设者、生产者和塑

造者，人类为自己后代所做的事情却要比其他动物差得多。

父母除了要为孩子争取社会权利外，还对自己孩子的生命和发展负有重大的责任。与先前的教育家相比，蒙台梭利虽然主张儿童上学的年龄更早，但她同时也主张将儿童生命最初几年的生活归还给父母。

蒙台梭利认为，儿童最早入学的年龄大约是2岁半，更普遍的是3岁。也就是说，儿童生命的最初三年主要是在家庭的环境里，由父母负责他的生活与教育。在家庭里的这三年，对于孩子一生来说，是最重要的发展阶段，也就是蒙台梭利称为的“精神胚胎期”。“人自身必须成为教育的中心，而且永远不可忘记：人不是在大学时代发展其心智，而是在诞生之时就开始了心智的成长。”

◎ 重视3岁前的教育

“婴儿出生后头三年发展的重要性与强烈的程度，远远超过儿童一生中的其他任何阶段。在这最初的三年里，儿童所经历的变化、适应、成就以及对环境的征服，从机能上讲，要比3岁以后直到老去这一生中所经历的总和还要多。因此，我们甚至可以把这最初的三年看作与人的一生同等重要。”正如心理学家所言，“与儿童相比，我们成年人需要六十年的艰苦学习，才能学会儿童用三年就学会的东西。”到3岁时，儿童的精神器官已经构建起来，已经为自己打下了作为一个人的人格基础，这就是中国古语“三岁看大”的依据。

由此可见，儿童从出生到三岁这段时期的需求是“如此迫切！倘若被忽视，则后患无穷”。所以，作为父母，必须先改变自己，放下成人权威，反省自己，正视孩子，解放自己，解放孩子，让孩子主动体验成长的乐趣。

管太多，可能让孩子变成“提线木偶”

在夏夜的广场上，我们经常会看到这样的现象：孩子们兴奋地跑来跑去，大人则一会儿跑上去问：“宝贝，你渴不渴？”在得到否定的回答后，隔几分钟又会跑上去问：“宝贝，你要不要吃点东西？”一直到最后，大人会强行将孩子按住，“玩得太久，一定累坏了，先休息一会儿。”做这些的时候，全然不顾孩子还没有玩得尽兴。

有的已经上小学一年级的孩子，老师布置了家庭作业，回家后大人问他作业内容，孩子一脸茫然，什么都不知道。父母只能自己发短信或者在家长群里问老师或其他父母，一而再，再而三，一学期结束，孩子也没有养成记家庭作业的习惯。

父母在替孩子做这些事情的时候，之所以能如此“理直气壮”，是因为他们认为“这一切都是为了孩子好”。更深层的原因是，父母对孩子不放心，要替孩子安排好一切。

★ 父母包办一切的后果

父母包办一切，表面上是孩子摊上了好父母，不愁吃、不愁喝，凡事不用自己操心，但实质是父母剥夺了孩子成长的机会，削弱了孩子对自身和他人的感知觉察能力。

父母对孩子约束得太多，一切事情都要代劳，会使得孩子产生厌烦心理并缺乏自主性，长大后以个人为中心，不懂感恩，认为父母代劳是“天经地义”。生活中的所有事情都靠父母，早晨起床要爸妈来叫醒、衣服要妈妈来穿、鞋带要妈妈来系，作业要妈妈盯着写……最终结果可能是孩子成年后步入社会，变成了一个“提线木偶”，不会独立思考，缺乏自主选择的能力与自信心，更别说创造能力了，甚至日后的工作和配偶也要依靠父母来帮助选择。现在，很多城市的公园里就有专门帮自己子女找对象的父母，每周的固定时间在固定的地点，父母拿着子女的照片或简历帮孩子挑选“意中人”。

在一些招聘会上，也不乏父母陪着孩子找工作的场景。

从小学“陪读”到中学“陪考”再到成年“陪聘”，中国父母对孩子有着太多的不放心和不放手。

★ 父母一切代劳体现的是过度焦虑

为什么父母喜欢为孩子包办一切？一方面原因是不少孩子都是独生子女，切切实实是父母的掌上明珠，溺爱已经成为普遍现象。另一方面，随着社会竞争越来越激烈，父母为了“不让孩子输在起跑线上”，总想助孩子一臂之力。实际上，父母所做的这一切说到底因为父母的自私与无知，父母根本没有考虑到孩子的权利。

代劳体现出来的就是父母的过度焦虑，它带来的直接后果便是“包办”，包办即是控制，这是多么自私与自以为是啊！来自父母这份沉重的“爱”，让孩子的独立性、自理能力和适应环境的能力越来越差。“包办”式的教育看似为了孩子好，其实是对孩子不负责的表现。真正对孩子好，应该是教给孩子独立的能力，让他们遇事可以独当一面，习得一种思维方式，让孩子学会独立、思考、选择，拥有信念与自由，这是孩子获得幸福的能力。

★ 学会选择性放手

要培养孩子的独立性，父母首先要克服自己的恐惧和焦虑，比如，妈妈怕黑、怕打雷，就认为孩子也会怕黑、怕打雷，这样无疑会限制了孩子的独立性。要客观分析生活中现实的危险，决定孩子能否独立的依据是孩子的成熟度，而不是父母的焦虑水平。

父母学会选择性地放手，不要把自己的焦虑情绪放大到孩子身上。开始的时候，孩子或许要磕磕绊绊蹒跚前行，但接下来的日子会越走越稳，否则，孩子便会在父母的“过度包办”中失去自我。其实，很多孩子是因为从小被父母“包办”，在进行着“扭曲的抗议”，比如哭泣、焦虑、逃学、叛逆、暴躁等，很多父母也会不理解，“为什么倾尽全力爱孩子，他们却变成了这样？”其实，事事包办易引发孩子的叛逆情绪。当无力改变不满的现状时，“手无缚鸡之力”的孩子往往会选择用沉默来表达内心的不满。这是一种心理防御机制不成熟的表现，常表现为对父母态度恶劣、离家出走、有暴力倾向、伤害自己等。

★ 父母越信任，孩子越有自信心

家庭环境对培养孩子的性格、处理问题的能力有诸多影响。父母和孩子建立良好的亲子关系，家庭成员之间团结友爱，更有利于孩子的人格以及各种能力的培养。只有从小体验到和谐家庭环境的孩子，才有力量面对挫折，才有积极向上的动力，才会更加主动追求独立完满的幸福人生。

父母要给予孩子足够的支持和信任，要相信自己的孩子虽然不是绝顶聪明，但他绝对没有那么愚笨，他有能力应对生活中可能的各种挑战，或知道如何向他人寻求帮忙。最重要的是，孩子没有那么脆弱。只要给予孩子足够的选择权和主动权，他就完全有能力掌控自己的人生。因此，父母不妨学会放手，只做孩子成长道路上的“搀扶者”，避免过度包办使孩子的心理发展出现问题。

父母都是发自内心地真正地爱孩子，但跟孩子的关系却时刻处在一种危险之中，亲子关系不流畅，父母很可能会成为孩子生命成长中的第一个敌人。大多数父母对此的第一反应是委屈甚至是抗议，并会对此进行自我辩护，“我们已经尽了最大努力，我们深爱我们的儿女，为了他们甚至牺牲了自己的幸福。”我相信，父母不缺乏对孩子的良好祝愿，也不缺乏对孩子的爱，但错误在于无知。虽然在表面上父母会为自己辩护，但内心一定充满了矛盾与质疑，“我怎么成了我最爱的人的敌人了？”真是可怜天下父母心，这难道不值得同情吗？值得同情，也令人警醒。俗语云：“可怜之人必有可恨之处。”因为很多父母不称职，不仅没有履行应尽的职责与使命，而且在不停地为儿童的成长设置障碍，成为致使儿童偏离正常化发展之路的罪魁祸首。

※ 蒙台梭利论培养孩子独立性 ※

如何培养孩子的独立性？蒙台梭利认为其途径有二：一是自由，二是有组织的工作。

蒙台梭利认为："任何教育活动，如果对幼儿教育有效，那么必须帮助孩子在独立的道路上前进。谁若不能独立，谁就谈不上自由。因此，必须引导孩子个体自由的最初的积极表现，使孩子可能通过这种活动走向独立。""只有自由的环境经验才能使人具有发展的可能。"

☆ 不要习惯于服侍小孩

在蒙台梭利看来，人们习惯于服侍小孩，这对他们不仅是一种奴化，而且是危险的，因为这很容易窒息他们自发的活动和独立自主意识，扼杀对他们十分有益的主动性和创造性。"谁不知道，教孩子自己吃、自己洗、自己穿衣，比喂孩子吃、替孩子洗、替孩子穿衣更是乏味，更加困难，更需要耐心！前者是一位教育者的工作，而后者则是一个仆人的简单的呆板的工作。这样做对妈妈比较容易，然而对孩子很危险，因为这会堵塞孩子的生命发展的道路，在这条道路上设置障碍。"

孩子内心有自己发展的蓝图，只要提供恰当的环境，以及以相信自身内在蓝图为基础的行动自由，这个发展的蓝图就能自然而然地得以实现。

蒙台梭利曾经描述在公园里看到的一幕：一个小男孩往小桶里捡放石子，一旁的保姆便想帮忙，用铁锨把小桶装满，却遭到孩子的激烈反对。

如果说成人工作的驱动力来自某些外在的目的，比如为了工资、奖金等，注重的是工作的结果。与成人相比，孩子工作的驱动力来自他自身的需求、自身发展的要求。孩子在工作中并不寻求获利或帮助，注重的是这个过程，公园里男孩无意识的目标是自我发展，而不是填满石子的小桶这样一个外在事实和结果。将石子一粒一粒放进桶里的工作过程，满足了他生机勃勃的机体的需要，使他在精神上体验到独立完成工作的成就感和尊严感。

所以，按照蒙台梭利的发展观，培养孩子的独立性，首要的是孩子的自由活动。蒙台梭利在她创办的“儿童之家”里，精心布置了一个给孩子以充分自由、便利的活动场所。她认为，允许孩子自由活动，是实施新教育的第一步。

☆ 自由并不意味着可以随心所欲

给孩子自由，并不是意味着孩子可以随心所欲，为所欲为，孩子的自主活动必须是有组织与界限的。只有在有组织的工作中，孩子的“自我”才能得到自由发展。蒙台梭利深刻揭示了自由与有组织的工作之间的关系：如果是没有组织的“工作”，那么自由是无用的。自由和纪律似乎是很难调和的两个概念，通过有组织的工作就联系起来了。蒙台梭利为孩子设置了以感觉教育为基础的、多种多样的、系列的、有组织的活动——工作。各种有组织的工作，不仅有助于孩子的智力发展，而且有利于孩子道德方面的发展。

在蒙台梭利教室内，孩子有目的地、自由地活动，每个人忙于做自己的工作。他们按自己的意愿选择材料，并按自己的速度、程度进行练习。孩子在无数次的重复和练习中进行观察、比较、判断、推理和决定，从而真正地促进自身的智力发展。

☆ 独立性是一点一滴培养出来的

蒙台梭利对孩子独立性教育理念带给父母的启示是：孩子的独立性是在生活实践中一天一天、一点一滴地培养出来的。随着年龄的增长和身体的发育，从不会做到逐渐学会做，从杂乱无章到井井有条，这是必然的规律，也是必经的过程。在这个过程中幼儿也获得自身的发展。所以，在日常生活里，可让孩子做一些力所能及的家务，帮助孩子培养自主意识。还可以在家里幼儿的房间中，给他设置一个单独的区域，在区域中东西的摆放、活动进行都由他自己做主，成人可参与但少加干预，给幼儿一种小主人的感觉，让他在活动过程感受独立做事的乐趣，培养他们自己的事情自己做的意识。

教育之根本不是为儿童的身体服务，而是为儿童的精神服务。“儿童必须通过自我发展获得身体上的独立，必须通过自由选择能力的发展获得意志力上的独立，必须通过工作中不受打扰获得思想上的独立。儿童就是在不断获得独立的过程中得到发展，这是对待儿童应该遵循的宗旨。”

延伸阅读

死刑犯和CEO的故事

文章《死刑犯和CEO写给母亲的信》讲述了两个年龄均为35岁的青年，在不同的家庭教育方式下，一个变成死刑犯，一个成为企业家。

死刑犯的家庭教育方式是："3岁，我跑得太快被石头摔倒。您赶忙把我扶起来，边安慰边往石头上踢了两脚，'宝宝不哭。臭石头！看把我们宝宝磕的。'听了这话，本来想忍着眼泪的我，在您怀里委屈地哭了半个多小时。是您让我知道原来我摔倒错在石头，可我不知道您只是为了哄着我不再哭。"

面对同样的事情，CEO母亲的教育方式是："3岁，我跑得太快被石头摔倒。您让我自己爬起来，又朝我屁股上打了两巴掌，'下次摔倒打四巴掌!'是您教会我要为自己的鲁莽负责。"

在带孩子买玩具的问题上，两个家庭态度各异。

死刑犯的妈妈采取的方法是："6岁，您带我到玩具店买圣诞礼物，说好只能买一样。可买了变形金刚我还想要模型飞机，您不同意我就躺在地上哭，直到您乖乖付了钱。是您让我知道原来用这招对付您屡试不爽，可我不知道您只是为了不想让自己在别人面前丢脸。"

CEO家庭的处理结果是："6岁，您带我到玩具店买圣诞礼物，说好只能买一样。可买了变形金刚我还想要模型飞机，您不同意我就躺在地上哭。谁知您转身就往外面走，我只好一边擦干眼泪一边爬起来乖乖跟上

去。是您教会我要为自己的选择负责。”

在处理家务这件事情上，死刑犯的妈妈对孩子的态度是：“8岁，我想试着洗袜子，您怕我洗不干净；我想学着刷碗，您怕我把碗碰碎了；我想自己盛饭，您怕我烫着。是您让我知道原来生活里有这么多我不能面对的困难和危险，可我不知道您只是为了不想让自己把我干的事再返工一次。”

CEO的妈妈则鼓励孩子自己的事情自己干：“8岁那年，我想试着洗袜子，您教我怎样才能洗干净；我想学着刷碗，您教我怎样避免把碗碰碎；我想自己盛饭，您教我怎样不会被烫着。是您教会我要为自己的生活负责。”

一个妈妈无限度地满足孩子的需求，替孩子包办一切，一个妈妈有选择地满足孩子，鼓励孩子培养独立自主、有错就改的行为原则。两种不同的教育方式，教育孩子的结果截然相反。前者是：“35岁这年，我再也不能从您那里索取一分钱时，我因为抢劫杀了人。听到死刑判决那一刻，您哭着骂老天爷对您不公平，自己苦了一辈子却换来这种结果。”另外一位则是：“35岁这年，我的公司扩大生产，要建新工厂了。那些一直责怪您狠心的人们终于无话可说了。同时，我也在教育我的孩子学会为自己负责，我相信他以后会比我更优秀。”

真实世界中当然没有这样相同的两封信，但这两种教养方式在我们生活中随处可见。这篇文章告诉大家，对孩子溺爱有可能失去一个能干、上进、勤劳、善良、富有同情心的孩子。

“授人以鱼不如授人以渔”，培养好的习惯和行为素质让人终身受益。比如，2010年湖南省株洲市的一场公务员选拔中，就给50多位考生出了一道处理垃圾的题目：在面试环节，每名考生在笔试前先由保安员领入一间候考室等待8分钟。候考室已被“布置”一番：茶几上扔着果核、瓜子壳，沙发扶手上甚至还有香蕉皮。原来，垃圾是他们秘密受命后布置在候考室的，这也是一道5分的面试题目，目的在于检阅考生的文明素质。考生只要将垃圾扔进旁边的垃圾桶，就能顺利通过这一关。53位考生中只有3人为自己赢得了宝贵的5分。

现代社会科技发展迅速，我们很难预测10年、20年之后社会需求是什么样子。比如，我们经常会发现，在我们的父辈当中，有很多人学历也很高，但是现在连上网都不会，使用智能手机发个微信也要人教好长时间。当然，我们不是否定这些人的贡献，而是说在现代社会无法上网、无法使用智能手机，会给生活、工作带来很大的不便。

未来世界，将会是一个高度关联的智能世界，创造性思维会体现出更大的价值，人们也会更关注精神层面的追求。对于未来的不确定性，作为父母，不要总想着“给孩子买个学区房”，或者“努力达到年薪百万，不让孩子输在起跑线上”，做这些远不如培养孩子爱知求真的性格。送人鱼，只能饱一顿，而教人渔，则可益终身。

“不听，不听，我不听！”为何孩子喜欢和父母对着干

随着时间的推移，孩子一天天长大，父母会有这样的感觉：孩子渐渐不像小的时候那么顺从了，有了自己的小主意，很多时候父母说东，他偏要往西。比如，要他多穿一件衣服，他肯定不穿；要他安静地看一会书，结果他跑来跑去。他才不管你如何大声呵斥；自己做错了事情，也不轻易低头认错……

★ 人人都有“叛逆期”

如果你正在经历这种情况，证明你的孩子不知不觉已踏入人生的另一个阶段了，开始进入“叛逆期”，变得注重塑造自己的个性，对身边的事务有自己的分析，且敢于表达自己的意见。

关于叛逆期，心理学上的解释是：青少年正处于心理的过渡期，其独立意识和自我意识日益增强，迫切希望摆脱成人（尤其是父母）的监护。他们反对父母把自己当小孩，而以成人自居。

在人的一生中，通常会出现3次明显的叛逆期：第一次在2～3岁之间；第二次在7～9岁之间；第三次在12～15岁之间。其实，“叛逆期”并不是心理成长的自然现象，只不过是由于成人对儿童成长秘密的无知而应对失宜导致的一种人为现象。就像蒙台梭利指出的那样，儿童的成长遵循阶段性发展定律，是成人跟不上儿童成长的步伐，总是用上一个发展阶段的方法与经验管教当下的孩子，所以说，造成孩子“叛逆”的罪魁祸首是父母。

★ 第一个叛逆期意味着“独立”的开始

0～6岁是儿童发展的第一个阶段，他们寻求生理和个性的独立，什么事情都想去亲自试一试。每一个儿童出生后都有一个独特的个人发展“日程表”，这是大自然的精心设计，孩子都是在其内在老师（大自然）的指引下，依据这个最优化的蓝图实现自我构建。1岁前的孩子，由于生理上的限制必须依靠父母，常常会觉得自己和妈妈是一体的，所以基本上父母让做什么，孩子都会照做。一旦儿童能够行走了，就标志着儿童与母亲的真正分离，也是儿童独立的开始。“儿童掌握行走的能力，靠的不是等待这种能力的降临，而是学习走路。学会走路对于儿童来说，是第二次出生，这时，他从一个不能自助的人变成了一个积极主动的人。成功迈出第一步，是儿童正常发展的主要标志之一。”

等到了2～3岁的时候，可以满地跑了，什么也会说了，就会从之前的“小乖乖”变成一个令人感到无奈的“小恶魔”。这时的他已经学会了如何自己吃饭、如何独立行走、如何表达自己的意愿，为了执行自我构建的“日程表”，“好动”是这个时期的主要特征，孩子只要醒着一刻都不会闲下来，这是一个正常孩子的基本特征。

2～3岁的孩子正在快速构建自己的世界，处于这个阶段的孩子，自我意识得以发展，如果父母还以孩子能走路前的方式对待他，那么孩子为了确保自己的“日程表”不受干扰，就经常会说“不”“不要”“不可以”“我做”等，通过对大人观点的否定，以向大人获得尊重，展示自己具备足够的能力。“这是初生婴儿第一场也是最重要的一场竞争，他必须和生养他的父母决斗。因为襁褓时期的婴儿和自己父母的生活大不相同。此时，孩子正努力建构自己完整的生命，而父母却已经完全定型。”

在这个阶段，为了自己的构建，孩子的潜意识会认为一切属于自己，他会不惜一切地努力（最大努力化法则）工作，为了自己甚至不会顾及他人，这是天性。因此，对于自己需要的东西，他会直接去拿，而不管这是不是他的。如果大人制止，他就会哭闹。这一时期的孩子还无法分清现实与谎言的概念，再加上语言能力和想象力的限制，如果成人不理解儿童的这些心理特征与需要而横加干涉，孩子就会有意无意地说一些“小谎话”。这个时候孩子的反抗没有七八岁时那么强烈，顶多是执拗一下。持续几个月，直到自我能够充分确认自己的存在后，甚至直到不再抗拒或者排斥外在世界以后，这段小小的固执期也就结束了。

对那些想要保持正常生活的父母来说，孩子这段小固执期是一段很难受也很费心神的时期，父母必须有足够的耐心和智慧，不应该也不必要激怒孩子，把孩子的注意力从争辩的目标上分散开，哄哄或是转移一下注意力也就好了。其实，出现这个问题的原因不是孩子而是父母自己，最好的解决办法就是提升自己，了解儿童成长的秘密，满足孩子发展的需求，就不会出现这个“执拗期”。

★ 第二个叛逆期是为了彰显与众不同

6～12岁的儿童进入了第二个发展阶段，他们寻求智力和大脑的独立，他们渴求知识，想知道为什么。到了7～9岁的时候，如果父母的认知还停留在0～6岁的阶段，孩子会迎来第二次叛逆期，民间有俗语“七岁八岁狗都嫌”“三天不打，上房揭瓦”，就是说孩子在这个年龄特别调皮捣蛋，自我控制能力弱，很多时候，甚至会为了显得与众不同而刻意与大人作对。

这一时期的孩子大多正在上小学二、三年级，由于幼儿园生活和小学生活的反差大，有的孩子会表现出明显不适应。于是，父母开始用“讲道理”“催促”甚至强制的方式要求孩子以学习为重。而孩子这个时候仍然希望按照之前的方式生活，希望父母来为自己解答令自己困惑的事情。于是，父母和孩子之间就会产生一些冲突。

★ 第三个叛逆期是为了寻求社会性独立

12～18岁儿童进入了第三个发展阶段，他们寻求社会性独立。孩子在12～15岁之间，还会出现他人生中的第三次叛逆期，这通常是伴随着孩子的青春期而来的。此时的孩子有了一定的独立思维能力，视野和见识变得更加宽阔，他会发现他学到的内容和看到的社会是不相符的。此时，他开始尝试按照社会的方式去理解学校的学习。这在“大人”的眼中是比较“反动的”，于是大人开始了“镇压”，基本上会以孩子的无奈接受而告终。

★“镇压”叛逆行为不利于孩子成长

要避免孩子出现叛逆期或处理好孩子的叛逆期，父母首先要清醒地认识到，这是孩子成长发育的必经阶段，父母自己要做好预备。前两个阶段孩子的年龄比较小，不少父母常常忽视或者是以简单粗暴的方式“镇压”了孩子的叛逆行为，这些都是不利于孩子成长的，严重阻碍了孩子的正常化成长。父母的每一次粗暴对待都会伤害孩子，加重孩子的不良情绪，从而使孩子丧失良好的自我感觉和判断力。

如果前两个叛逆期没有处理好，那么青春期的表现可能会更加突出。

青春叛逆期的形成是由于孩子进入青春期以后生理上发育加速接近成人，心理上孩子的独立意识开始增强，急于摆脱父母的束缚，追求个性和自我。但是父母缺乏知识，还自以为是：孩子缺乏经验，心智发展不成熟，不得不依赖父母，也得不到绝对的平等与独立。这种心理上的矛盾加上孩子生理变化带来的躁动与不安，青春叛逆期就产生了。

★物质需求和精神需求都要重视

在不同的年龄段，孩子会有不同的表现和不同的需求，这种需求不仅仅是物质需求，还有精神需求。但现实生活中往往会有与其需求相冲突的地方，需求得不到满足的孩子，会表现出不同的叛逆行为，只有了解了背后的冲突及其原因，才能更好地应对孩子的叛逆期。

影响孩子叛逆的主要有三大因素：孩子自身的发育、社会环境的影响、家庭教育。青春期孩子的生理、心理发育基本上均衡，但同一学校甚至班级的孩子在叛逆期的表现却千差万别，所以父母必须在这一关键时期给予孩子正确的引导。令人痛惜的是有很多家庭的教育方式出现问题，导致一些无法挽回的后果。

★孩子在叛逆期离不开父母的尊重和正确陪伴

叛逆期的孩子，无论处于哪个阶段，都离不开父母的尊重与正确陪伴。

如果要孩子长大成人后既有自尊又懂得尊重他人，那么他们从小就需要受到尊重。父母要提升自己，多了解孩子，从单纯关心孩子的生活起居转变为指导孩子的发展和成长，努力成为孩子的良师益友。只有通过近距离长久接触，父母才能及时发现孩子的异常行为，及时给予孩子正确的引导。只有通过陪伴才能走进叛逆期孩子的内心，从而建立良好的亲子关系。

有时候，孩子“不听话”不过是因为父母对孩子的期待超过或滞后了孩子的年龄或能力。孩子的发展需求是多方面的，但是父母并不清楚孩子在不同的年龄段的发展需求。因为，很多大人认为孩子应该有的“正常模式”，对于一个健康、活泼、富于创造性的孩子来说，成了一种束缚。比如，一个活泼可爱的3岁男孩每天早上起来都精力充沛，这时候，如果大人希望他安安静静地待半个小时，注定会失望。并不是孩子自身缺乏控制力，而是父母对孩子无知的期望超出了孩子的年龄范围。

★ 学会如何正确沟通

有一些父母觉得无法与处在叛逆期的孩子沟通，是因为他们不了解孩子，不知道孩子在想什么，没有说到孩子的心坎里去，更无法走进孩子的内心世界。特别是孩子进入青春期之后，想法多了，他们不愿意与父母沟通。

孩子不愿意与父母沟通，父母要反思原因，不能一味地把责任全部推到孩子身上。父母学会站在孩子的角度倾听和沟通，是教育实施过程中非常重要的一点。细致耐心的沟通有助于健康的依恋关系的形成，这对建立互相信任的亲子关系尤为重要。父母在与孩子交流的每个瞬间，都要感受并理解孩子发出的信号，并及时地做出回应。被父母接纳、尊重、倾听和理解的孩子，在进入青春期后不容易因受挫而信心崩溃。

沟通的时候，建议父母采用“敞开心胸”的谈话方式，让孩子感受到父母的诚意，使孩子有意愿对父母吐露心声。父母要特别注意倾听孩子，直视孩子的眼睛，在沟通的过程中，不加入个人意见、评价或者劝告，并注意沟通的语气。不过，有很多父母都不会留意孩子表达出的信息，因为他们的心总是被自己的想法和感受所占据。

在我接触的孩子中，就有孩子反映：“我不喜欢和父母交流，因为每次还没等我说完，父母都会狠狠地揍我，看到我玩手机，冲上来就把手机摔了。”孩子在亲子沟通的时候屡屡受到伤害，多次尝试失败之后，就会关闭与父母沟通的大门。

在沟通的时候，父母不要打断孩子，也不要太过直接地询问孩子的感觉或者想要什么，这样会赋予他们太多的权利。很多父母应该有这样的经历，直接问孩子“你觉得怎么样”“你为什么不高兴”“什么事情让你这么生气”的时候，往往会得到与自己希望的相反结果。在孩子的自我意识还没有形成的时候，你如果直接问他们的感觉如何，这会给他们带来过重的心理压力。你可以关切地说：“我能看得出来你很不高兴。”这样的话语会让孩子获得认同感，进而激发他说出自己的遭遇或意愿。

★ 合理应对负面情绪

在陪伴并与叛逆期孩子沟通的过程中，父母需要特别注意，这个阶段的孩子常常会有一些负面情绪，比如突然发脾气、不讲道理等。面对孩子的负面情绪，父母一定要冷静，抱有“泰山崩于前而色不变”的心态，安抚孩子的情绪，理解孩子的感受，避免正面冲突，学会冷静处理。否则，可能更加激怒孩子，导致家庭战争。当你努力理解孩子的内心时，一定要保持思路开阔，不要试图改变孩子的性格，而要试着融入孩子，帮助孩子找到解决问题的方法。

有时候，父母也会因为工作或生活的原因心情郁闷。此时，如果回家发现孩子将玩具堆得满地，或者揪着妹妹的头发四处乱跑等，情绪肯定会爆发。但是，这时候心中一定要给自己一个原则，那就是在自己心情不好的时候，尽量不去管教孩子。因为此时你的注意力在自己的烦心事上面，不在孩子身上。可能的话，最好先离开“现场”，来一个深呼吸，给自己一段时间，独自安静一会儿，或给亲近的朋友或亲人打个电话，把注意力放在调整自己的心态上面。用深呼吸的方法让身体放松，同时不断地暗示自己“放松、放松”。

★ 沟通方式不同，效果也不同

和孩子沟通除了积极倾听与理解接纳，还要有沟通技巧，比如需要同时照顾孩子和父母的自尊，要先说出表示理解的话，然后提出合理的建议或者意见。

不同的沟通方式往往会取得不同的效果。比如，在暑假期间，两个男孩分别向他们的父母提出要和同学去野外露营的要求。一个孩子的妈妈说："不行，是不是家里放不下你了，老实给我待着！"另一个孩子的妈妈却说："行啊，要不要妈妈帮助你采购食物或者用品？"这两种沟通方式带来的结果也是截然不同的。简单禁止非但不能平复孩子的情绪，相反会激化情绪。如果此时听他们说话的人接受孩子的想法，并表示理解和支持，那么他的情绪的强烈度就会减弱，乐于沟通，自然能听进去别人的话。反对孩子出去的妈妈不但没能阻止孩子出去玩，还和孩子发生了深深的矛盾。支持孩子出去的，孩子再有类似的事情也会主动与大人沟通。

延伸阅读

儿童成长的阶段性发展定律

——选自《蒙台梭利幼儿教育法》

◎ 不同的成长阶段有不同的心理类型

儿童成长的阶段性发展规律，即儿童的发展既具有阶段性又具有连续性，这也是蒙台梭利重要的发现之一。蒙台梭利观察到，儿童成长的发展过程可以依据年龄顺序，明确地分成几个不同的阶段，不同阶段存在不同的心理类型。儿童心理的发展与身体的成长密切关联，这与弗洛伊德学派的研究一致。

按照蒙台梭利儿童心理学研究，一个人从出生到24岁，可以分为四个成长阶段，0～6岁、6～12岁、12～18岁、18～24岁，其中每一个阶段又可以分为两个小的发展阶段。对这些阶段进行研究发现，每个阶段的心理有巨大的差别，而且不同个体之间也存在差别。

◎ 成长是一个不断再生的过程

“从心理学的角度讲，不同阶段之间的变化是非常明显的，人们生动而又不夸张地说，‘成长是一个不断再生的过程’，当一个心理阶段结束时，另一个阶段也随之而来。”

虽然每一个阶段都与前后两个阶段有很大区别，但每一阶段都是必需的，起到了承前启后的作用，这就是儿童成长的阶段性。如果想在第二阶段里正常地发展，就必须在第一阶段打下良好的发展基础，这就是

儿童成长的连续性。儿童在前一个阶段中被满足的需求越多，在下一阶段的发展就会越好。拥有现在才能创造未来，就如同毛毛虫和蝴蝶，虽然他们的外形和行为都是不同的，但蝴蝶的美丽来自它的幼虫形态，而不是来自对其他蝴蝶的模仿。

“如果儿童0～3岁时造成的一些缺陷不能得到纠正，那么这些缺陷会一直保留下来，影响也会愈来愈大，6岁时在这个儿童身上仍然会存在3岁之前形成的诸如人格偏离等缺陷。6岁之后，这些缺陷会对儿童成长的第二个阶段产生影响，影响儿童对正确和错误的认识，所有的这些缺陷还会对儿童心理和智力产生影响。如果儿童成长的前一阶段不利于潜能的发展，就会表现为学习困难。所以，6岁的儿童受前期缺陷的影响，可能表现出一些不正常的特征，比如，6～12岁儿童所具有的道德感等特征，在他们身上可能表现不出来，智力水平也可能低于正常值。因此，这个儿童可能没有自己的性格，也无法学习。在最后一个阶段，他的这些缺陷还会造成其他方面更多的缺陷，最后这个人可能就会成为一个废人。”

☆ 0～6岁阶段

儿童成长的第一个阶段为0～6岁，这一阶段可以分为两个小的阶段，0～3岁和3～6岁。

0～3岁阶段，是指从出生到3岁，是儿童无意识的成长与吸收的阶段。“在0～3岁阶段，成年人无法了解儿童的心理，也就是说，我们无法直接对儿童施加任何影响。”儿童是依靠敏感期和吸收性心智的作用，逐步建立了精神的内在结构。儿童的各种能力得到独立的发展，如语言、手和腿的运动等，一些感觉能力也逐渐形成，心理的各种控制能力也各自独立发展出来。对于儿童来说，这是一个充满活力和奋发努力的时期，儿童的一生都将取决于他的潜在天赋在这一时期所获得的发展。

“儿童在出生后的两三年，所受到的影响可能会改变他的一生。如果他在这期间受到伤害、暴力或其他障碍的影响，其个性就会发生偏离。也就是说，如果儿童在发展过程中遇到障碍，他的性格就会不正常。如果儿童能够自由发展，他的性格就会正常。如果我们在受孕、妊娠、出生和出生后这一时期，都能够采取科学的方法，那么儿童在3岁时就会发展成为一个正常的人。”

基于此，“在婴儿的早期阶段，对他们提供帮助是一项很有意义的工作，这对他们未来的科学发展是一项开创性的工作，我们对儿童心理发展和性格形成的研究也将依赖于这项工作。我认为，我们应当担负起帮助儿童的责任，协助他的性格健康地形成和发展。为此，我们必须记住：人生的最初两年会影响人的一生；婴儿有很大的心理潜能，成人对此却没有给予足够的重视；儿童心理非常敏感，成人一点点的粗鲁行为都会影响到他们的心理，甚至会影响他们的一生。”

应该特别注意的是，1岁半是教育的一个转折点。儿童在1岁半时，在肢体上已为上肢与下肢的协调做好了准备，他可以独立行走了，不再完全依赖成人，个性也得到了一定的发展，而且他已经开始努力表达自己的思想了。但随着2岁“语言爆炸期”的到来，儿童将会达到一个真正的完全发展期，这将是一个需要不断努力和建设性工作的时期，成人必须做好准备对这种努力提供帮助，了解儿童，给儿童自由，特别注意不要打乱生命的自然规律。这一年龄儿童的特征是：他们会尽最大努力做完一件事情。

这一时期的儿童正处于秩序、微小事物、语言、感觉、动作等敏感期的高峰期。“对于成人来说，儿童所做的事情可能会有些可笑，这没有关系。他必须把这件事情做完，这是他内心需求促使的。如果有人打断他的行为，

就会造成他性格的变化，以至于做事会毫无目的，也没有兴趣。人在做事情时就要持之以恒，这可以说是一种精神上的准备。你会发现那些取得巨大成就的人，在生命的这一时期都很少受到成人的干扰。我们必须让儿童完成自己的行为，不管我们认为他们所做的事情是聪明的还是愚蠢的，甚至是与我们的意愿相违背的，我们都一定不要进行干涉，因为儿童必须能够做完某件事情，这才是儿童的心理要求。”

在儿童生命的第一阶段，他们完全依赖于成人，没有任何自我保护能力。所以成人必须遵循自然规律，或在科学的影响下遵循自然的规律，协助儿童生命自然健康发展，否则成人可能会成为儿童发展的巨大障碍。

3～6岁阶段的儿童，会逐渐把无意识吸收的知识，提升到一个有意识的水平。

儿童3岁的时候，生命又到了一个新的阶段，因为在这一时期意识出现并开始发挥作用了。儿童无意识和有意识的两个阶段似乎有一个明显的界限。3岁之前，是各种功能的建立阶段，各个器官一直是独立发展的，儿童是一个无意识状态下的创造者。3岁之后，是各种功能的发展阶段，在大脑的指导下手开始进行工作，使得前一时期独立发展的器官成为一个整体。各个器官协同工作，为个体服务，儿童则变成了一个有意识状态下的劳动者。

0～3岁阶段结束时，儿童获得了保护自己的能力，从此以后，如果他感觉受到了成年人的管制，就会通过语言进行抗议，或做一些恶作剧来争取属于自己的权利。儿童发展的目的是了解自己周围的环境，找到适合自己发展的方式。

那么，他究竟要发展什么呢？就是那些前一阶段创造出来的各种能力。因此，儿童在3～6岁的这个过程，已经能够有意识地对周围环境进行研究了，他开始了一个真正的创造和建设阶段。儿童在前一阶段创造的潜在能力，已经开始渐渐地展现出来，这有赖于儿童有意识的经验。他开始用那双受智慧支配的双手从事人类特有的活动。

“如果说在第一阶段儿童只能被动地观望这个世界，默默地为自己的心理打基础的话，那么在第二阶段，他就已经开始有效地发挥个人意愿了。如果他在第一阶段受内在的一些非人为力量指导的话，那么在这一阶段，他就可以自主决定自己的行为了。于是，他的手忙了起来，一个起初在潜意识状态下对周围世界进行吸收学习的儿童，现在已经能够自己动手改造世界了。”他好像在说：“我要自己做事情，不要你们的帮助。”成年人现在只能充当一个观察者的角色。

3～6岁是一个通过行为进行自我“建设性完善”的时期，儿童现在有两种倾向，一种是加强自己对环境中行为的意识，而另一种则是完善已经形成的各种能力。

儿童到6岁时，他的纪律与服从的内部构造已经建成，对于真实的世界也已经发展出一个内在的模式，以作为发展他想象力与创造力的基础。此时的儿童已经有足够的智慧，他可以去上小学了。

0～6岁阶段是为人生打基础的阶段，就像摩天大楼的地基部分，这一时期决定了儿童长大成人之后的人格特征。“人生最重要的阶段不在大学，而是在0～6岁这一阶段。因为人类的智慧就是在这一阶段形成的。不仅仅是智慧，人的心理定型也是在这一阶段完成的。”

蒙台梭利曾深刻地指出，“任何高等教育都无法抹掉婴儿在0～3岁时期形成的东西。由此可见，0～3岁阶段内教育的重要性。如果儿童在3岁之前遇到的一些障碍，导致了他人格的偏离，那么在3～6岁这一时期还可

以进行补救，因为这一时期是大自然对儿童心理建设的收尾时期。”

至此，我们就可以更进一步理解中国的谚语“三岁看大，七岁知老”的道理了。因为儿童“在6岁以前所建立起来的各种能力会伴随他们终生，他们的走路和做事的方式都会定型，心理发展模式得以建立，独立、自信、专注、责任等诸多优秀品质得以形成，并会成为他们性格的永久特征。这些东西会决定他们属于底层社会还是上层社会，因为不同社会阶层的差别就体现在这里，就像我们用不同的语言来区别不同的民族一样。”

☆ 6～12岁阶段

儿童成长的第二个阶段为6～12岁。这一阶段并没有其他变化伴随发生，儿童通常表现得平静而快乐。从精神上讲，他正处于一个健康、强壮和非常稳定的时期。稳定性是这一阶段儿童的一个非常明显的特征，它不仅表现在精神上，也表现在身体上。

在6～12岁这一阶段，儿童开始有了好与坏的观念，他们不但可以评价自己行为的好坏，还可以评价别人行为的好坏，所以能够区分好与坏是这一年龄段儿童的一个主要特征。因此，这一年龄段的儿童也有了道德观，而且这种道德观最终会形成一种社会责任感。

“在这一时期的儿童，可以在心理上适应学校教育的要求，他能听懂老师说话的含义，并且有足够的耐心去听课和学习。在整个阶段，他都能够坚持学习，并且身心健康，这就是这一阶段被认为是接受文化的最佳时段的原因。”

6～9岁的儿童，已有能力建立各种学术与艺术上的技能，来适合自己的文化生活。9～12岁的儿童，已经为接收宇宙的知识做好准备，这一点类似于早期0～3岁的儿童，他们渴望吸收环境里的每一样东西。不同的是，此时他是以有意识的心智来学习，而且学习的范围也不再受身边环境的限制，而是延伸到了整个宇宙。儿童在这个阶段所接触到的知识层面，将会影响他一生对智能方面的兴趣。因此，这一阶段的小学教育应该尽可能包罗万象，而不应像传统学校那样孤立学科施行分科教学。

☆ 12～18岁阶段

儿童成长的第三个阶段为12～18岁。这一阶段的青少年有了相当大的变化。它也可以分为两个小的阶段，一个是从12～15岁，一个是从15～18岁。这一阶段的青少年身体慢慢长成，到18岁时已经基本发育完成，之后不再会发生显著的变化。

12～18岁为青少年时期，是人能够更加集中精力来深入探索自己感兴趣的领域的时期，此时他应该选定日后努力的方向。这是一个限制性的选择时期，但是在我们的现实社会中，这个决策的时期被一直延迟，因为在这一阶段人应有的选择行为通常没有得到鼓励，甚至被禁止。因此，人在情感和智力方面的困惑随之而来，比如，青春期的叛逆性行为，就被我们认为是一种理所当然的现象。

12～18岁的青少年已经知道爱自己的国家，并知道自己属于哪一个特定的族群，也有了对这一族群的荣辱感。同时具有了各种理想和观念，如社会感和宗教信仰等。因此在这一时期，我们可以对他们施加更多的影响，可以像对成年人一样对他们进行说教。

☆ 18～24岁阶段

人生成长的第四个阶段为18～24岁，成人时期。儿童在这一时期已经长大成人，具备一个正常人应具有的能力、责任感和道德观，他们进入大学继续学习或步入社会，开始自己独立的人生旅程。

3

不胆怯，自信是体验出来的

洞穿孩子自卑的“小心思”

自卑心理给人一生带来的影响不容小觑。一个孩子的自卑感最先来自家庭，再是老师和同龄人。孩子自信还是自卑，往往与其背后的家庭教育有关。这里我们不妨看看已故摇滚歌星迈克尔·杰克逊（Michael Jackson，1958—2009）的例子。迈克尔·杰克逊出生于美国印第安纳州的小城盖瑞，他的父母经济状况并不富裕，结婚以后，共生了九个孩子，杰克逊是第七个孩子。杰克逊的父亲约瑟夫出生在阿肯色州的一个“路德教”牧师家庭，从小就受到严厉的家庭管教，而他当上父亲以后，也将这种严格的管教强加于他的孩子身上。

在父母的音乐熏陶下，几个孩子都爱上了音乐，约瑟夫也注意到了孩子们身上的潜力，便买来各种乐器，并安排他们到附近的夜总会演出。后来，杰克逊和四个哥哥组成杰克逊 5 兄弟乐团，开始登台演出。对 6 岁的孩子来讲，正是一个天真烂漫的年龄，而对迈克尔·杰克逊，则是另一番景象。他与四个哥哥一样，为了家庭演唱队的成功，不得不接受父亲严厉的管教。“只要有一点做得不对，他就会恨不得冲过来把你撕成两半。”杰克逊这样对美国著名脱口秀主持人奥普拉提起自己的父亲。

在杰克逊 5 兄弟乐队组成前，约瑟夫对他们进行了魔鬼式训练：一旦他感觉不满意，就会把刚四五岁的杰克逊倒提起来一顿狂打。约瑟夫带他们登台演出，通常都是大人们娱乐的周末，有时候，一个周末演出十几场，直到星期一的凌晨四五点钟，约瑟夫才开车载着疲惫不堪的孩子们回家。一路上，约瑟夫还会唠唠叨叨地说个不停，任何失误都会成为他责骂的借口。童年生活的阴影，为杰克逊以后种种怪诞的行为埋下了伏笔。

杰克逊父亲一直以严厉、古怪的方式教导子女，比如，为了让儿子们晚上不要打开窗睡，他会戴上面具扮成窃贼，爬到儿子的睡房大叫，令迈克尔几兄弟多年来都做噩梦。

迈克尔·杰克逊与其父亲的关系一向欠佳，从小就不喜欢父亲。他曾说过，父亲从没有和他玩过游戏，也不曾背过他。童年时受过的虐待，导致父子关系极度疏离。迈克尔·杰克逊甚至在自己的遗嘱中也没留下一分一毫的财产给他的父亲。

★ 重视儿童的自尊

迈克尔·杰克逊的例子虽然有些极端，但在当下，很多父母的做法也或多或少有其父亲的影子。孩子的自我意识从2岁的时候就开始形成，他们会逐渐变得特别在意别人对自己的看法。当孩子感觉到周围的人，包括父母，喜欢他、尊重他的时候，他自己也会觉得自己是个优秀的人，就会充满自信。相反，一旦在现实生活中，父母或老师不注重教育方法，挫伤了孩子的自尊心，孩子就会觉得自己什么都不如别人，进而缺乏上进心，学习成绩下降，对集体活动缺乏兴趣，自信心也一落千丈。

★ 孩子是否自信取决于父母

孩子是否自信归因于家庭和社会的教育。心理学家认为，家庭教养方式是孩子产生心理问题的重要因素。学校和社会对孩子的性格和心理产生的影响，远不及与他们朝夕相处的父母对他们的影响大。自信的父母会为孩子营造轻松愉快的生活环境，会让孩子自由成长，并给予孩子关爱和支持，而不会在孩子身上强加他们未实现的愿望。孩子有了父母的支撑，内在的自信感便会建立起来。信任是培养孩子独立能力和自信性格的基础。面对缺乏自信心的孩子，给予积极的评价是激发孩子潜力的有效手段，是孩子建立良好自尊和自信的源泉。父母要信任孩子，给孩子独立的机会，鼓励他们勇敢地参加各种社会活动，大胆说出心中的想法，及时发现孩子身上的“闪光点”，有进步就给予恰当的表扬。多用精神奖励，少用物质奖励，以免使孩子只关注自己的奖品，而忽略了自己的进步。对孩子来说，自信是孩子对自己的能力有信心，是对自己整体价值的肯定。

孩子的大脑是需要储存快乐记忆的，切莫将一个孩子的心理能量，在童年时期就榨干了。当下的父母在教育子女方面都注重竞争力，凡事好比较，非要孩子比同学好、比同学优秀，从而导致孩子从小就有很强的竞争意识。可是高竞争感，不等于高竞争力。高竞争感的孩子，只接受自己是最好的，一旦别人比自己好，内心就坍塌了。这么小的人儿，内心是脆弱的，心理承受能力也是有限的。

★ 多看自己的长处

每个孩子都是独一无二的，每个孩子都有长处和不足，父母不要只关心自己孩子比别的孩子领先还是落后，更不要用自己孩子的缺点与别人孩子的优点做比较，要用发展的眼光看待自己的孩子。孩子的自信心在很大程度上就是建立在自己的“长处”基础上的。如果你不注意保护孩子自己认定的这些长处，甚至轻易地加以否定，那么，就有可能从根本上动摇孩子的自信心。比如，有一位妈妈是数学科学博士，在家庭教育方面她感觉自己很失败：“我是名牌大学毕业的，从小学到高中基本是前几名，怎么我的女儿刚上小学就几乎门门都倒数第一名呢？”如果排除孩子智力的发育问题，孩子学习成绩差的主要原因在于家庭教育出了问题。这位妈妈总是期待孩子能像自己一样优秀，所以无形中就将这股压力传给了孩子，孩子会想：“妈妈都是复旦大学毕业了，我考什么样的大学，她才满意呢？如果我考的学校不如她，那我就没什么价值，不如干脆放弃算了。”如此，孩子便开始自暴自弃，这时候，父母要做的不是责怪，而是改变自己，并及时给予孩子心理正确的引导。

★ 正向影响很重要

要培养孩子的自信心，父母的正向影响是很重要的，对待孩子的进步，哪怕是很小的进步，都要给予肯定和鼓励，这可以帮助孩子树立自信心，缓解心里的紧张感，同时，当孩子尝试做事情没有取得成功的时候，对于孩子的失败和错误，父母应了解和区分动机和客观原因，给予谅解和宽容，并教给孩子一些正确的方法，鼓励他再来一次。有的孩子感到压力很大，这种压力来源于父母期望过度。这会使孩子过度焦虑、极不愉快、丧失信心，从而对孩子感情和人格产生极大的伤害。此外，失败也是一把双刃剑。让孩子适当经历失败，并教会他们如何应对失败的方法，定会让孩子成长得更加健康；父母如果一味呵护孩子远离失败，可能会让他变成一个抗挫折能力低的人。

★ 家长要摆脱自以为是的强势心态

第二届中美精神病学术会议资料显示：15%的儿童患有心理障碍，其中七成来自文化水平较高家庭。有一项监狱调查显示：罪犯中75%的人小时候有过行为障碍性疾病。自杀成为中国青少年死亡的第一位原因，而且低龄化严重，12岁以下儿童中，有25%的儿童有过自杀念头。

孩子从小就有人格，而0～6岁又是个性形成的关键期，父母在和孩子相处时，应给予他应有的尊重，不能因为孩子小，就对他训斥、粗暴、冷淡甚至漠不关心。作为父母，首先要摆脱自以为是的强势心态，要多了解孩子的优点在哪里，缺点在哪里，多观察孩子，发现他的优点，少唠叨，多给予鼓励，就像蒙台梭利告诫家长的，父母“需要学会沉默，而不是讲话；需要懂得观察，而不是灌输；需要做到谦卑，而不是自大”。

★ 批评带来的并不是改变，而是怨恨

为了树立孩子的自信心，对他的进步应以适当的方式给予赞扬。父母要明白，孩子的自信心是通过经历成就而建立起来的，绝不是通过空虚的赞美和表扬而建立的。作为父母，多赞扬孩子努力的过程而非结果。著名心理学家斯金纳（Burrhus F. Skinner，1904—1990）在动物实验中发现奖励比惩罚更有效——得到奖励的动物比受到惩罚的动物学习更快，学习效果也更加显著。此后的研究进一步证明这个结论同样适用于人类，批评带来的并不是改变，而是怨恨。批评激起孩子的抵触情绪，让人急于辩白；批评伤害自尊，甚至让人萌生恨意。

★ 正确对待孩子的失败和挫折

父母是孩子的第一任教师，是和孩子相处时间最多的人，父母自信的性格和教育方式，也会对孩子自信心的养成产生非常重要的影响。因此，父母在处理日常事务或工作中，应表现得自信心十足，不要碰到一点小挫折就心灰意冷，萎靡不振。孩子从父母自信的表现中将会获得良性的暗示。

孩子遇到困难、挫折或失败时，更需要父母的安慰和鼓励。父母需要正确对待孩子的失败和遇到的挫折。一方面，此时孩子容易自我怀疑，父母对他的信任会加强他的自信；另一方面，孩子的失败在所难免，此刻千万不要对他进行否定性的评价或惩罚。父母要做的是，接受孩子的失败，并帮助他总结经验教训，鼓励他继续努力，孩子才有机会开始下一次尝试，并不断获得信心。

父母应帮助孩子养成自觉运用积极自我暗示的习惯。如，比赛前默念“我一定能正常发挥的”，每天早晨对自己说“今天我感觉很好”等，都会有较好的效果。如果条件允许，父母可以让孩子学习一种特长，如美术、乐器、舞蹈、唱歌、书法等。孩子有了“一技之长”，会觉得自己某方面比别人强，从而充满自信。

Wise counsel

锦囊妙计

※ 激励孩子应少用物质奖励 ※

奖励是人们做事的动力，如果没有工资，很多人就不会去上班，如果没有奖金，很多人也就不愿意加班。对于孩子来说也一样，适度的称赞和适当的奖励对他们的成长有益。

当孩子表现努力，取得成绩的时候，给他们适当的肯定或赞赏，这对孩子是非常好的激励措施。但表扬一定要非常具体，这样孩子才知道自己哪一点做得好，比如，当孩子完成一次手工制作后，你可以对孩子说“你刚才制作得很认真”“今天的手工组装环节做得非常精细”等。

表扬的目的是为了激励孩子良好的言行，要避免空洞的语言，比如“孩子你是全班最棒的”“你最聪明”等。如果经常用类似的话称赞孩子，会让孩子过于追求完美，无法承受失败。如果这样的情况发生在0～6岁的幼儿，从脑神经学来看，会严重影响大脑神经网络的建构。

奖励分为精神奖励和物质奖励，口头表扬或称赞属于精神奖励，玩具、金钱一类则属于物质奖励。从效果上来说，奖励应以内在的、精神的鼓励和表扬为主，以外在的物质奖励为辅。父母不要只注重对孩子的物质奖励，以免使孩子将物质奖励作为自己的追求目标，容易产生见利忘义、无奖不做的心态。

有这样一个事例：一位老年人原本安静地住在一个院落里，可有一天住在附近的一群小孩来骚扰他。他们往老人的院子里恶作剧扔石头，惹得老人发怒后，准备出来追打他们时，这些小孩就会一窝蜂地跑掉。第二天再来扔石头，乐此不疲。

最后，老人发现凶巴巴地发火是没用的，就另想了一个办法。这一天，等这群孩子往他的院子里扔完石头后，老人并没有发怒，而是和颜悦色地出现在孩子们面前，说：“欢迎你们来玩，从今天起我会给每个扔石头的孩子10块钱。”

小孩们一听都高兴极了：“干坏事还给钱？真是太好了！”第二天小孩们来到老人家又是一顿扔，然后每人得到10块钱。

第四天就不一样了，孩子们扔完石头后每人只得到5块钱。又过了两天更少了，老人只给每个孩子2块钱。孩子们对待遇的降低都不满意，石子也不好好扔了。

接下来老人更过分了，连屋都不出，1分钱不给。孩子们对此愤愤不平：我们这么卖力地往他院子里扔石头，结果他还不给钱，明天不给他扔了！此后，这群孩子再也不来扔石头了，老人又过上了安静的生活。

这就是心理学上动机转移的事例。它提示我们，不恰当的物质奖励会转移孩子们的内在动机。在家庭教育中，不恰当的物质奖励是有害的。

孩子“害羞”要从家庭中找“病根”

婷婷的妈妈最近遭遇了一件烦心事，通过一段时间的观察，她发现 5 岁大的女儿在家活蹦乱跳，但一出家门就特别害羞，在小区里见到熟悉的邻居时，孩子都不敢抬头打招呼。幼儿园的老师也反映，婷婷在幼儿园非常害羞。有时候，自己玩的玩具，被其他小朋友抢走，婷婷也只是默默忍受……孩子才 5 岁，就这么胆小、害羞，将来可怎么办？婷婷的妈妈非常焦虑，她甚至想带婷婷去看心理医生。

★ 不要轻易给害羞“贴标签”

首先需要明确，孩子的害羞、内向等这种性格是正常的，有可能是遗传的原因，也可能是孩子自我意识的萌发，不是问题，也不是贬义词。但是，如果孩子过度害羞或者内向，父母就要注意搞清楚原因，然后再确定该如何去引导。

比如，孩子见到人不打招呼，也许因为是陌生人，也许因为是不知道该叫什么，或者担心叫错了而受到否定。孩子不敢回答老师的问题也很正常。试想一下，如果是我们面对那么多人齐刷刷地看着，也会紧张、害怕、害羞。总之，父母先不要急于给孩子“贴标签”。

★ 何谓害羞

在人际关系中，害羞是一种不舒服和压抑的状态，它影响一个人的人际交往是否顺利，进而影响能否顺利达到人生目标。害羞可能是缓慢的和气质性的，作为一种人格特质起作用，是自我概念的核心。它可能表现为，在全新的环境中沉默寡言，感觉到窘迫，也可发展到对他人害怕而引起内心的极端恐惧。许多害羞的人同时是内向的人，他们喜欢独居，较少社会活动。但也有一些是“外向性害羞”的人，这类人在公共场合表现很活跃但内心是害羞的，他们喜欢参加社会活动，也有社交技巧来有效地完成这些活动，但仍然担心自己不够好，担心别人是否真正地喜欢和尊重自己。

害羞具有普遍性，成年人中有90%以上的人有过害羞的经历，害羞在幼儿和中、小学生中更为普遍，只不过程度轻重不同，有些孩子从出生后就对不熟悉的环境和陌生人恐惧，最明显的表现是，孩子到了新环境或者遇到不熟悉的人时会变得紧张、害羞，常常躲起来或者退到大人身后，观察及等待一段时间后才会出来玩。孩子这样的表现，会让有的父母感到困扰。他们希望自己的孩子大大方方，于是当着外人的面批评孩子胆小或强迫孩子去和其他人打招呼，其实这样做是没有任何帮助的，只能让孩子更加缺乏安全感。父母为了自己的面子强迫孩子，正体现父母的自私和自以为是。

★ 父母过度焦虑也会使孩子害羞

作为父母，应该接纳孩子的性格，要知道安全感是孩子包括成人的第一需求，更何况有的孩子的某些性格是天生遗传的，同时，应有意识地在日常生活中引导孩子，让他在自己的个性范围内舒服地和别人相处。父母要给孩子时间和机会，让他慢慢地融入环境。父母的过度焦虑会传达给孩子，会对孩子形成一种负面的心理暗示，让孩子认为自己是一个害羞的孩子。

在生理层面，害羞者常常会出现脉搏加剧、心跳加速、出汗，甚至会神经质发抖。在生活层面，至少80%的害羞者认为，即使发现其他人的错误，也绝不会说出来；将近半数的害羞者认为，与他人进行眼神接触是一件困难的事情；40%的害羞者的典型反应是沉默寡言，不善于表达自己的看法，即使自己的利益受损，也会默不作声。另外，还有一些害羞者，由于担心受到不好的评价，会避免与陌生人或者同事、同学接触，即使受到邀请也不愿参加某项活动。

★ 长期害羞会影响性格的正常发展

在孩子成长的过程中，人们常常赋予“害羞”这个词太多的贬义意味，当孩子被告知自己害羞时，容易产生焦虑和自卑情绪。在出生后的头

两年里，各种情绪是陆续出现的。刚出生的婴儿会表现出好奇、痛苦、喜欢、厌恶、高兴和满足等情绪，在2～7个月的时候，婴幼儿会出现悲伤、愤怒、快乐、惊讶和恐惧等情绪。随着年龄的增长，2岁左右的孩子，会陆续出现复杂情绪，比如嫉妒、骄傲、害羞等。

为什么有的人害羞，有的人不害羞？心理学上的一种解释是，这属于人的天性。研究证实，大概有10%的孩子“生下来害羞”。从一生下来，这些孩子在与不熟悉的环境或人接触时，就表现出不同寻常的谨慎和缄默。

一般来说，害羞的孩子，并不是时时刻刻在害羞，他们的害羞大多只发生在陌生环境。如果孩子在外人面前没有不自在或者被忽视的感觉，基本不需要过多干涉。如果孩子长时间持续出现害羞表现，或者在没有明确的引发事件时也会表现害羞的话，父母就应该加以注意。

长期害羞会影响孩子的性格的正常发展，会给孩子的生活、学习、同伴交往以及对社会的适应等方面带来负面影响。很多害羞的人会因为害怕负面的评价或者缺乏社交技巧而逐渐丧失社会交往的愿望。在学校，由于害羞的孩子很少惹祸或制造麻烦，所以也很少被老师和同学注意，因此他们会变得越来越沉默。

★ 早期害羞多与教养方式有关

父母有必要了解孩子害羞的特点，并知道如何对害羞的孩子进行干预，才能帮助他们获得身心的健康发展。

孩子早期表现出来的害羞，大多与父母的教养方式有关，并且会影响到孩子的情绪调节和心理健康。

心理学研究发现，如果家庭成员中，特别是父母，给予孩子的温情与理解越多，那么孩子无论是在家里还是在外面都会表现出较多的积极情绪，消极负面的情绪较少。特别是针对中学生父母的教养方式进行研究发现，学生的心理受父母教养方式的影响很大。如果父母采用平和、民主型的教养方式，孩子容易形成健康的心理；父母如果溺爱，则容易导致孩子出现更多负面的情绪。

对于那些在学习上有困难、成绩不稳定的孩子，其父母大多倾向于运用一些消极的教养方式，如体罚、责骂、冷暴力等。父母否定、拒绝或过度干涉的教养方式都会使孩子有强烈的逆反心理和自卑心理，他们会缺乏自信，对学习也会变得越来越反感。

发现孩子害羞，父母会认为孩子不会保护自己、容易吃亏、受欺负，所以会给予过度保护，各种事情都代劳，比如，如果发现孩子放学回家时衣服凌乱，就会打电话给老师问是否孩子受同学欺负……而这恰恰抑制了孩子有效应对策略的发展。父母的“出手相助”，会导致孩子锻炼不出应对社会生活的技巧和技能。同时，来自同伴的排斥会加剧焦虑、紧张、孤独及人际交往的畏惧感，降低自我认同感。

面对家中“害羞的孩子”，父母要做的“功课”如下：

☆ 营造和谐的家庭气氛

过度害羞的孩子自我认同感低，需要父母帮助孩子建立自信，最重要的是对孩子要付出爱心与接纳，让孩子有机会表达自己正面或负面的意见。父母真诚地和孩子沟通，进入他的内心世界，换位思考并体会他的感受。对于低年龄段的孩子，父母可以用选择性的语句征求孩子的意见，给他们选择权，这让他们觉得自己也很重要。

有些父母经常利用孩子的恐惧吓唬他们，以便让孩子乖乖听话。比如，有的孩子晚上不睡觉或者吵着要出去玩，父母就会对他说外面有坏人专门偷小孩。一些父母自认为这个方法很有效，却给孩子带来很多负面影响，长此以往，孩子就会认为外面的世界真的很危险，到陌生环境中就会产生恐惧感。

和谐的家庭氛围有助于孩子排解和释放消极情绪，在日常生活中，父母要关注孩子的情绪反应，给予适当的引导。父母在运用消极的教养方式时，往往包含着成人对孩子的偏见，以成人自我为中心，对孩子的情绪、态度都视而不见。而父母的漠视，不仅会导致孩子消极情绪得不到有效释放和排解，而且，在潜移默化中受到父母消极情绪的影响，会加剧孩子的负面情绪（焦虑、害羞等）。

父母可以通过沟通来了解孩子的想法，并用接纳的态度拥抱孩子，缓解孩子的负面情绪。比如，孩子在学校参加活动时怯场，父母可在晚上睡觉前心平气和地对孩子说：“爸爸妈妈知道，今天你上台表演的时候有点小紧张，怕忘记动作或台词。妈妈小时候也是这样，表演时急得满头大汗，都不

知道该怎么办才好！”这样孩子会觉得自己被理解了，自己不是无能的人。这样，安全感与自信心就一点一点地重建起来。

面对害羞的孩子，父母要多点耐心，切忌给孩子贴上“胆小”的标签，无论是当着孩子的面，还是和亲朋好友谈论孩子时，都不要动不动就说孩子“害羞”“怯懦”。一旦父母说的次数多了，孩子心理上也就接受了害羞的标签，他可能就真的一直害羞下去，并寻求父母的过度保护。

☆ 为孩子克服害羞做出榜样

榜样是孩子最好的老师。身教重于言传，父母要重视榜样的力量，在孩子的面前保持积极乐观的心态，控制和调整自己的情绪，让孩子在父母营造的积极氛围中学习调整自己的情绪，从而减少负面情绪的产生。父母对孩子的影响力是无法衡量的，父母积极、乐观的态度会深深地影响到孩子。父母要自己培养良好的心境，在孩子面前保持积极、乐观的情绪。这种家庭氛围潜移默化，孩子的情绪也向积极的方向发展。

其实，孩子在家庭中是敏感的，每时每刻都能感受到父母的情绪，也能观察到父母是如何表达情绪的，所以，想教育好孩子，改变孩子出现的“心理偏差”或者“不良行为”，父母首先要调整自己的负面情绪。如果父母经常在孩子面前表现出负面的情绪，孩子在与父母的相处之中，会潜移默化地受父母的影响，面对充满负面情绪的父母，孩子也不敢敞开心扉进行沟通，容易使亲子关系产生隔阂。所以，父母要学会控制情绪，给孩子树立一个良好的榜样。

父母可设置一系列让孩子能够感受到积极情绪的活动，使孩子的整体心理健康水平得到提高；在活动中，父母要适当教给孩子一些积极情绪调节的技能，让孩子在活动当中自然而然地学会调节情绪。

☆ 主动强化孩子与同伴的互动

如何与同伴友好相处，如何通过沟通协调来处理同伴间的冲突，是孩子成长过程中需要学习的重要课题。尤其进入少年期后，来自同伴的影响有时候会超过父母，因此，在早期培养孩子的社会交往能力有着现实而迫切的需要。在教育实践中，父母可以主动引导强化孩子与同伴之间的互动。

同伴间的群体性游戏对孩子内心有非常好的疗伤作用，它能够帮助孩子遗忘压力、健全人格。通过和同伴交往，孩子可以从中学会换位思考。试想，一个在群体里乱发脾气、不遵守规则的孩子，是没人愿意跟他玩的。所以，同伴间互动的过程，是进入社会前的一种“演习”，在这个过程中，孩子学习如何与伙伴们沟通，一起制订规则，并严格遵守。

同伴间群体性游戏发挥积极作用的前提，是不得在成人的控制之下。父母可以引导他找到志趣相投的小伙伴，但不可以过多干预。现代社会，越来越多的人生活在钢筋水泥的丛林里，邻里之间的交往氛围越来越淡。这使得孩子很少有机会和外人交往，导致社交经验缺乏。害羞的孩子因为缺少人际交往经验而不敢与同伴交往，时间长了形成恶性循环，更导致他们畏首畏尾而不敢与人交往。这表现为很少主动发起谈话，语言表达能力弱，与人谈话时不敢直视对方的眼睛等。

11岁之前的孩子，一定要体验“疯玩”的感觉。和同伴一起玩耍，是孩子宣泄旺盛精力的有效方式之一。真正懂得玩的人，其生活和工作都将是有趣的、有创造力的，内心是充满快乐的。孩子的学习兴趣，源自内在动力的激发。孩子的成长是一个“社会化”的过程，他们理应在生活中学会与同伴互动与玩耍，而我们现在养育孩子，有时过于“超现实”了，父母过于焦虑，让孩子做超出他年龄范围的事情，对孩子的成长来说，是一种沉重的负担。特别是小学阶段，这是人一生中最开心的阶段，孩子长高了，自我意识更强了，学业负担又不太重，正是投身群体游戏以培养社会性的最佳阶段。可是很多家长不明白这个道理，把所有的关注点都放在孩子的学习上，使孩子耽误了这个黄金机会。

父母要帮助孩子拓展社交空间，有意识地让孩子从他和同伴的社交经验中，获得满足感和快乐感，这对他的社交能力发展非常有帮助。父母可安排孩子多与其他小伙伴相处，如郊游、社区游戏等。

同伴互动对于孩子社会适应能力和心理健康发展有着重要的影响。良好的同伴交往有助于孩子运用积极情绪策略，增强孩子的自信心，并使他在与人交往时表现出较少的害羞行为；反之，人际交往能力发展不好的孩子，情绪调节能力也较差，很难与同龄孩子建立亲密的友谊关系，而这很容易引发孩子的害羞情绪。

孩子与同伴间的互动、与外界的交往互动，包括言语和非言语的交流技能，也包含了塑造行为和解决问题的训练（如模仿、行为练习、积极强化等）。比如，打招呼和相互介绍、发起谈话、保持谈话、倾听技能、加入群体的能力、保持友谊、给予和接受赞美等。一旦孩子有积极的表现，父母要适时给予鼓励，给予正向强化，如："你刚刚热情地跟小明打招呼了，小明看起来很高兴和你玩。你想不想一起跟小明玩呢？这里还有很多小朋友，他们都跟你一样！"

此外，幼儿园作为集体生活场所，特别是蒙台梭利教育中的混龄编班模式，有更复杂的交往模式，来自老师和同伴的评价对于孩子克服害羞有很大的影响。所以，父母要尽量让孩子按时去幼儿园，并对幼儿园老师、其他孩子等给予正向肯定，让孩子知道幼儿园是温暖的、可靠的，如果遇到困难，老师会给予帮助。父母也要多与老师沟通，使孩子对老师产生信任感。

拓展孩子的社交能力需要循序渐进，尤其是面对害羞的孩子，父母千万不要强迫，你越强迫，孩子越害羞。父母不能强硬地把孩子从害羞的心理中"拉出来"，最好的办法就是营造一个舒适的环境氛围，鼓励孩子与同伴多交往，以利于孩子社会人格的自然发展。

☆ 加强交流，强化孩子的语言能力

一味地把孩子关在家里，是培养不出独立而自信的孩子的，更不用说勇敢的孩子了。为了锻炼孩子的沟通与表达能力，父母每天都要抽出一定的时间，与孩子共同活动或让孩子参与家务劳动，从中创造交谈的机会。父母与孩子的交流方式会在很大程度上影响孩子的成长，细心、真诚的交流方式能营造出和谐的家庭氛围，带给孩子安全感，从而帮助孩子在未来很多领域有所建树。研究发现，学龄前孩子在家庭中所接受到的教育对孩子的认知发展有着深远意义，比如，有研究表明，孩子听到的单词数量和种类越多，他们在3岁时的各种智力测验成绩就越好。

前面说过，孩子害羞很大部分是缺乏自信心所致，而自信心的不足则是成人导致的，这样的孩子在公众场合大多不敢说话，怕说错话。针对这一情况，父母就要采取"多表扬不责备"的方法，鼓励孩子敢于开口，敢于讲话。在日常生活、游戏合作中，多为孩子创造语言锻炼的机会。俗话说“熟能生巧”“无师自通”，通过不断练习，提高孩子语言表达能力，消除其害羞的心理。

另外，多阅读、讲故事也是提高孩子语言能力的方法之一，学龄前的绘本阅读，学龄后引导并鼓励孩子背诵一些诗篇、名言警句或成语，有助于孩子掌握语言文字的结构和使用方式。这样的孩子长大后无论是语言表达能力，还是阅读、写作能力，都会有较快的提升。

☆ 进行感觉统合训练

孩子缺乏自信、胆小、害羞也可能是孩子的协调性发展滞后，表现为感觉统合中的感觉失调。比如，触觉失调的孩子，对外界的新刺激适应性较弱，所以会固执于熟悉的经验上，表现为粘人、害怕陌生人、不喜欢拥挤、缺乏自信，常固执于熟悉的环境和动作，对任何新的学习都会加以排斥，不喜欢与陌生人接触，更不喜欢他人的触摸。在团体中容易和别人争吵，朋友少，常陷于孤独中。

感觉统合失调，会造成脑功能的发育不全，从而引发学习上的困难。最终，学习上的困难会对孩子的观察能力、创新能力和自信心等多方面造成不良影响。

目前，感觉统合失调的孩子日益增多，这和生产环境及婴幼儿生长环境有关。比如，现在越来越多的母亲选择剖宫产，胎儿出生时没有经过产道挤压，会使孩子的触觉学习比正常生产的孩子少，触觉统合失调的概率大增。

此外，越来越多的家庭由过去的平房小院搬到了楼房，这导致孩子户外活动的空间明显减少，外出玩耍的空间也被挤压，身体接触的地方也少了。户外玩沙土、玩水及草地上打滚的游戏也不多了，甚至晒太阳、吹风的机会也都很少了，孩子在触觉发展上严重不足，也是触觉障碍最主要的原因。

据调查，有10%～30%的孩子存在不同程度的感觉统合失调。父母应及早发现孩子的问题，并及时进行心理治疗和训练，否则会影响孩子的智力发育和学习能力发展。0～3岁是感觉统合的形成期，3～6岁是最佳矫正期，6～13岁是弥补期，一般来说，到13岁感觉统合基本定型，难以矫正。因此，一旦发现异常，父母应当带孩子去医院进行感统能力测试，医院和早教机构都有系统的感统训练的方法。

※ 害羞的自我调节法 ※

要意识到，并不是只有你一个人感到害羞，每个你见到的人可能都会比你害羞。

即使存在遗传基因，害羞也是可以改善的，但这需要勇气和毅力，就像改变一个存在已久的习惯一样。

尝试对你所接触的人保持微笑，并与他们进行目光的接触。

与别人交谈时，用清晰有力的声音，特别是当你说出你的名字或是询问信息时。

在一个新的社会环境中，努力使自己第一个提出问题或是发表观点，准备一些有趣的东西，并且第一个去说。每一个人都喜欢“破冰者”，当你成为第一后，以后也就不会再有人认为你害羞了。

永远不要小瞧你自己。相反，想一下为了达到你想要得到的成就，你下一步要采取怎样的行动。

注意要使别人感到舒服，当你寻找其他害羞者时，会降低你的自我意识。

在去通常会使你害羞的地方或者场合之前，练习沉思、放松，使思想集中，直至理想状态。

帮助孩子远离悲观

有一位父亲想对自己的双胞胎儿子进行“性格改造”，因为其中一个过分乐观，而另一个则过分悲观。他买了许多新奇的玩具给悲观的儿子，又把乐观的儿子送进了一间堆满马粪的车房里。结果，悲观的孩子泣不成声，父亲便问：“为什么不玩那些新玩具呢？”“玩了就会坏的。”孩子仍在哭泣。父亲叹了口气，走进了车房，却发现乐观的孩子正兴高采烈地在马粪里掏着什么。“告诉你，爸爸。”那孩子得意扬扬地向父亲宣称，“我想马粪堆里一定还藏着一匹小马呢！”

★ 乐观者和悲观者看问题的角度不同

乐观者与悲观者看问题的角度是不同的：乐观反映一个人对生活拥有积极的态度和人生观。乐观者即使处在危机中也能看到机会，而悲观者就是在大把的机遇面前也会想到困难。

现实生活中，很多父母不但没有教出乐观的孩子，反倒提供了“大量的悲观信息”，成了孩子成长过程中的“绊脚石”。

对悲观者来说，即使“天上掉馅饼”，他们也会担心万一馅饼掉下来砸伤自己怎么办。

乐观者不会“面对打翻的牛奶哭泣”，而悲观者则常常拿过失处罚自己。其实，悲观是人的一种心灵防护方式，只是这种方式具有毁灭性的后果。

悲观者的心理特征是容易否定自己，在遭遇挫折时，滞留在任何最具有毁灭性的原因中而不能自拔，认定一切后果都是自己无力胜任而造成的，这种内疚的心理会持续很长一段时间，特殊情况下甚至会毁掉自己的一切。而乐观者在遇到同样的挫折时，他会给自己积极的心理暗示，认为现在遭遇的失败是暂时的，每次失败都有它的原因，不完全是自己的错，可能是所处环境糟糕、坏运气或其他人为因素带来的后果。

思维决定行动，乐观者和悲观者这两种截然相反的思维方式也会引发不同

的行为后果。悲观者做事情遇到困难时很容易放弃，从而让自己陷入忧郁中；乐观者则表现积极，愈挫愈勇，认为失败是成功之母，他们总是那么积极、勇敢，敢于面对生活和学习中的挑战，并带给身边的人“阳光和正能量”。

为人父母，我们希望孩子积极乐观，健康成长。如果孩子在成长的过程中表现出悲观情绪，父母又该如何引导孩子呢？

★ 父母先要乐观起来

美国心理学家马丁·塞利格曼（Martin E. P. Seligman）认为，孩子悲观的来源主要有四个方面：遗传基因、父母平时生活中表现悲观、从父母或老师那里得来的悲观性评价、无助感的经历。

有研究表明，大约有25%的乐观与悲观是遗传而来的，也就是说，有近75%的概率，孩子是可以通过后天的培养养成乐观性格的。遗传基因无法改变，要想培养出孩子乐观的认知技能，父母就要做出表率。父母对于生活的热爱和对生活的恐惧都具有传染性，两者都对孩子的全面发展产生深远的影响。

作为父母，需有意识地改变和完善自己，成为乐观的人。对孩子多采用民主型的教养方式，尊重和理解孩子，给孩子自由发展的空间，不迁就也不溺爱，温柔而坚定，建立良好的亲子关系。同时，父母之间也要建立和谐融洽的关系，互敬互爱，并学会控制自己的情绪，多向孩子传递积极的情绪，为孩子树立榜样，让孩子心理上感到安全和愉快。

★ 教孩子学会反驳悲观

有两种方法可以改变一个人看问题的消极态度。第一，想办法转移自己的注意力，不要一味钻牛角尖，纠结于当下的困惑，而是去想一些能让自己快乐、自信的事情；第二，去反驳这种消极念头，长期来说，反驳是最有效的，因为经过有效的反驳后，以前那些悲观想法就会减少出现的次数，以后再遇到同样的情景时也不会再感到沮丧。

当孩子遇到不好的事情时，特别是出错、失败的时候，要教会孩子反驳悲观。第一步，要告诉自己等一下，先不要被自己即时产生的悲观想法所困住；第二步，去搜集证明自己不必悲观的证据；第三步，询问一下自己，是否能从其他方面来看待这件不好的事情，并试着从多角度来看待；第四步，评估一下事情可能产生的各种影响。总之，通过分析各种可能，然后做出预防和解决的方法，从而化解悲观危机。

★ 培养积极的解释风格

解释风格是指对事情形成原因的习惯性看法，通俗地说，就是孩子面对失败或者不利局面时的心态。马丁·塞利格曼通过对悲观和乐观的长期研究指出，对事物的解释风格是影响孩子乐观和悲观性格形成的关键因素。乐观的解释风格一般将失败归因于偶尔的、特殊的、外因的；悲观的解释风格则多将失败归因于总是如此、普遍性的、内因的。比如说，一次英语考试不及格，乐观的解释风格可能会认为：这是一次偶发事件，下次肯定能考好（偶尔）；这次是因为自己提前没有复习，所以没考好（特殊的）；这次考试老师出的题目太偏了，所以没考好（外因）。悲观的解释则可能会认为自己没有学习英语的天赋，一直考不好。

乐观性格养成的基础，就是改进孩子遇到问题时的解释风格，培养孩子乐观的解释风格。当然，这并不是不分析问题的真正原因，而是要防止孩子形成悲观的解释风格，防止他以后遇到困难和问题时，总是以消极情绪来应对。

★ 注意孩子的沮丧情绪

在平时，父母要特别注意孩子流露出的一种情绪——沮丧，这是任何一个热切求知的人都会遇到的问题。对于孩子来说，沮丧是个“难以对付的敌人”。当孩子无法让事情按照自己的愿望发展，然而为了获得成功，他又不能放弃努力，最终他失去了采取新方法进行尝试的能力。孩子想成功，但又不知道怎么去做，他的内心就会变得惶恐。

有一些孩子在沮丧时表现为大吵大闹，也有的表现为哭泣、乱扔东西甚至发脾气。这样发脾气通常不针对任何特定的人，也不是有坏脾气，更不是出于恶意。这是一种正常的宣泄，父母不要刻意去压抑孩子的这种情绪，要让它爆发出来，这有助于缓解孩子的焦虑和沮丧。这时候，父母一定不要去责怪孩子，更不要强制或者压抑孩子，要保持头脑清醒，可以真诚地去安慰他，或者由着他去。

当孩子发过脾气冷静下来之后，他有可能接受自己能力有限的事实，重新投入学习，并乐于与人沟通与合作。在保持孩子的自信心方面，发脾气的作用也很重要。因此，父母要了解孩子发脾气的原因，给他们发泄的机会。

★ 用欣赏的眼光挖掘孩子的潜能

积极心理学主张重视人的积极品质，用欣赏的眼光去挖掘孩子的潜力，这也有助于预防悲观情绪的出现。

父母要注意观察孩子的行为表现，首先要相信孩子的能力，用欣赏的眼光看待孩子，挖掘孩子的潜能与优势，用积极的方式鼓励和表扬他们。其次，父母要树立正确的评价观，考虑每个孩子的需要、性格、能力、学习方式的差异性和特殊性，客观地评价孩子，允许孩子犯错误，以帮助孩子形成积极的自我概念和自我评价，树立自信心。最后，父母要创造一个适宜的环境，使孩子有机会发挥自身优势，逐步建立自信心，进而塑造健康的人格。

家庭与孩子的快乐息息相关

中国青少年研究中心等机构于2017年发布的“中国少年儿童快乐成长指数”显示，我国少年儿童认为最快乐的三件事：考了好成绩、和朋友玩、被长辈表扬。年级越高，学习成绩、体育成绩越差，学生给自己的快乐打高分的比例越低。值得关注的是，逾30%的少年儿童有心理障碍，经常存在孤独、忧郁、注意力不集中、焦躁、睡不着等不良情绪或感受，而学习成绩、体育成绩差的学生不良情绪问题更多。

在身体健康维度，少年儿童的学习成绩与对运动的喜爱程度有密切关系，学习成绩越好，喜爱运动的比例越高，而学习成绩、体育成绩越差的学生，越不喜欢与大家一起运动。

在人际和谐、人格健全、理想高远几个维度，孩子遇到烦恼时，他们的主要倾诉对象依次是好朋友、妈妈、爸爸，也有超过30%的学生有烦恼憋在心里不说。逾30%的少年儿童“投诉”父母边玩手机边与自己聊天，而学习成绩、体育成绩差的孩子与父母沟通的质量更低。

该指数还显示，患有心理障碍的儿童七成来自文化水平较高家庭。另一方面也显示，父母受教育程度能够为孩子的未来成长带来更加深远的影响，父母的文化程度高，孩子更快乐。针对妈妈的调查结果显示，学历越高的妈妈，越尊重孩子，也更加注重孩子的均衡发展。同时，成绩越好的孩子与父母进行各类亲子活动越多，尤其是读书、游玩、运动、做家务的活动更多。

旅行——走出去可改善孩子的焦虑

读万卷书，行万里路。旅游能开阔孩子的心胸，让孩子的性格变得乐观。美国著名作家、教育家布克·华盛顿（Booker Washington，1856—1915）在其自传《超越奴役》中指出："从来不读书，也不旅游，和外部世界缺少心灵交流的人，大多是渺小和狭隘的人。"

★ "走出去"的好处

带着孩子外出旅行走进大自然，作为一种重要的教育方式，有助于促进孩子体力、审美能力、认知能力和社会情感等方面的发展。不要以为思考只是大脑的工作，它也需要眼耳鼻舌的配合。外出旅行时，人的眼耳鼻舌身会全方位开动起来，在陌生的环境中有着不一样的感受，有时候会对既有观念形成强有力的冲击。在新旧观念的碰撞中，可能迸发出心灵的火花，对生命形成新的感悟。

外出旅行让孩子走出家庭、步入社会，既能增长见识，还能培养其坚毅顽强的意志品质与健全乐观的人格特征。此外，孩子外出旅行若是和父母同行，已不同于简单意义上的旅游，更有助于促进家庭的和谐。

★ 旅行不要陷入"人傻钱多"的攀比风潮

旅行有助于提高孩子的见识，但如何安排也很重要。父母要量力而行，不可盲目跟风，更不要把旅游变成一场炫目的烧钱游戏，认为只有投入大量的金钱，才能让孩子拥有美好的明天。

有一年暑假，微信朋友圈热传一篇题为《月薪3万，还是撑不起孩子的一个暑假》的文章称：一位就职于某企业管理层的妈妈，平均月薪3万多元，女儿在某外语学院附属小学读5年级，家中的大部分支出由其父亲搞定，最近却连买件新衣服都不敢出手了。原因是，学校组织学生今年暑假去美国游学，10天需要2万元人民币。母亲在犹豫中想到女儿上的是外国语学校，如果不参加，女儿连跟同学们的共同话题都没有，便咬牙报了名。一个暑假里，女儿美国游学加上培优班、钢琴班、游泳班以及请阿姨看护，足足花了3.5万元人民币。

月薪3万竟然入不敷出，这让大多数收入更低的父母直呼“太恐怖”。

其实，父母盼孩子出人头地的苦心可以理解，但不要陷入“人傻钱多”的攀比风潮。

带孩子出去旅行一方面要根据自身家庭情况，另一方面也要视孩子的年龄而定，如果孩子的年龄太小，正处于秩序敏感期，就不适合太多的外出旅游。2岁以前的孩子，适合近距离出游。

等孩子稍微大点后，父母应该根据孩子不同的年龄特点和兴趣爱好，综合思考孩子的知识结构与经验积累和身体素质，设计爱国主义游、历史名胜古迹游、自然风光游和学农体验游等不同主题的家庭出游路线，让孩子能够主动参与家庭旅游过程，使其主动接受家庭旅游中的教育。

在家庭旅游中会碰到种种问题，父母应该积极引导孩子，让孩子多观察、多思考，尽可能让孩子在观察中自己发现问题，自己寻求答案。父母可以引导孩子关注周围事物的变化，用自己的多种感官积极参与周围环境的各种活动，在活动中积累经验，逐步让孩子探究生活，感悟自然，认识世界。扩大孩子的生活视野，丰富孩子的生活经验，充实孩子的生活感受，使孩子在社会生活中进行学习，会促进其各种能力的不断增长和发展。

★ 从孩子的意愿出发

无论是外出旅行，还是出国游学，父母要从孩子的意愿出发，保持理性消费。父母如果只是以自己的个人好恶来安排，会打压孩子出行的积极性，出行的目的和意义也会大打折扣。要想好事办好，建议父母决定带孩子出行前，先和孩子讨论一下他想去哪些地方，再试着了解孩子这样选择的理由，如果孩子能够说出一定的道理，父母再根据孩子的身体素质等决定能否出行。这样，会避免后续旅游中的很多问题。毕竟孩子的视角和父母的是不一

样的，所以，如果孩子有自己充分的理由，父母不妨在行程上进行调整，尊重孩子的意见。

如果孩子没有目的，父母可以给孩子推荐两三个地方，把利弊都讲清楚，让孩子最后做选择。一旦决定了就不要轻易改变，因为这是孩子自己参与的选择。早一点让孩子参与选择，参与家庭重大事件，有利于培养孩子的责任心。

★ 旅行前要做好准备工作

“凡事预则立，不预则废”，旅行前要做好充分的准备。在出发前，给孩子讲一些旅行地的风土人情、传说和小故事，让孩子对旅游地的地理人文有初步的了解，同时，这些小故事也能够勾起孩子的出行兴趣，让孩子未出发先兴奋。比如，如果要去西安参观兵马俑，那么父母可以提前在网上或者寻找相关书籍查阅兵马俑的由来、制作过程，以及秦代的历史风物等，这样有助于孩子更深刻地体会。

每个地区的人文、习俗迥异，面对孩子好奇到极致的疑问，父母往往也回答不上来，这时候书籍就派上了用场。父母若能抓住这样的时机，培养孩子的阅读兴趣与习惯，可取得事半功倍的效果。

※ 怎样为孩子扎好“安全篱笆” ※

伴随着城市化进程的推进，人们的物质生活越来越丰富，但安全感却越来越少。比如，在20年前，如果一个妈妈每天送孩子去上学，会被当成不务正业。但现在，特别是在城市里，如果父母每天让孩子独自去上学，肯定会被指责是不负责任。在现代父母的眼里，一出家门几乎到处都是危险……

于是，为了孩子的安全，成人使出了十八般武器：上下学接送，无论是在公园里，还是在小区里玩耍都要有家人陪着，佩戴安全智能手表，教室里安装高清摄像头，告诫孩子不要跟陌生人说话、不要跟陌生人走、不要吃陌生人的东西……

☆ “恒河猴实验”的启示

那么，这一切举措到底使得孩子安全了吗？我们不妨看看心理学著名的“恒河猴实验”：

1959 年，美国动物心理学家哈利·哈洛（H. F. Harlow, 1905—1981）提出了一个颇具意义的实验结果：他用铁丝与柔软的布料各做了一只母猴模型，让新生的婴猴从出生第一天起同母亲分离，以后的 165 天中同两个模型母猴在一起。铁丝做的母猴胸前挂着奶瓶，布料母猴没有。虽然当婴猴同铁丝母猴在一起时能喝到奶，但它们宁愿不喝奶，也愿同布料母猴待在一起。哈洛由此得出结论，身体接触对婴猴的发展甚至超过哺乳的作用——只有需要饮食时，它们才去找铁丝母猴，其余大部分时间则依偎在布料母猴的身上。虽然这个实验的对象是猴子，许多心理学家认为，它对人类婴儿同样适用。

残忍的实验还在后头，哈洛后来设计让布偶母猴放铁钉、射水柱来攻击小猴，结果小猴还是义无反顾地要抱抱“妈妈”。在这种环境中长大的小猴都出现了自闭、反社会或攻击性的行为。

哈洛从这个“代母养育实验”中还观察到了一些问题：那些由“绒布母猴”抚养大的猴子不能和其他猴子一起玩耍，性格极其孤僻，甚至性成熟后不能进行交配。

哈洛等人的研究发现给了我们很多有意义的启示，它对改变传统的育儿观产生了积极的影响。父母对孩子的养育不能仅仅停留在吃饱穿暖的层次，要使孩子健康成长，一定要为他提供触觉（拥抱、抚摸）、视觉、听觉等多种感觉通道的积极刺激，让孩子能够感到父母的存在，并能从他们那里得到安全感。更有研究认为，成年人爱抽烟、喝酒等习惯很大一部分归因于婴幼儿时期缺少皮肤关爱。

☆ 遇到危险时，自身的应变能力最有用

如果孩子真的在独处时遇到危险，最能派上用场的其实是自身的应变能力和自我管理能力。而这种能力绝对不是靠填鸭式的安全知识灌输，或者以“不要这样、不要那样”简单的说教可以教会的，而是一个系统的、科学的理论与训练兼备的模式才能够达到效果。

孩子独立自主的成长过程就是学习如何管理面临危险的“恐惧”的过程。通过参与有危险的游戏，孩子们能够主动得到危险的脱敏治疗——他们强迫自己做害怕的事情，以克服他们的害怕，从而战胜对危险的“恐惧”。但是，如果孩子们从来没有这样的体验，那么这种恐惧就有可能会演变成心理学上的“恐惧症”。

比如，很多父母担心孩子摔伤会使他们将来恐高，但研究结果恰恰相反：5岁至9岁时有过从高处跌落而受伤的孩子，18岁时较少怀有对高度的

恐惧。又如，很多父母担心过早地让孩子独自行动，会让孩子产生分离焦虑症，但研究结果显示：在9岁之前经历的分离次数与18岁时出现的分离焦虑程度成反比。

有研究发现，如果孩子没有机会用社会可接受的方式体验冒险，有些孩子可能会转向更鲁莽、极端的行为，比如暴力倾向、嗑药、酗酒等。还有一些孩子则可能变得懦弱、胆小，在犯罪学上，这样的孩子的“被害性”反而更高，更容易成为犯罪分子优先针对的目标。

所以，正确的方法就是要在我们能够掌控的范围内，让孩子多一些冒险体验、处置危险的体验和模拟，体验并领悟大自然里万事万物是有界限的。

☆ 通过冒险性游戏克服恐惧

挪威早教专家艾伦·桑德斯特和挪威理工大学心理学系的莱夫·肯奈尔的合作研究认为，在冒险性刺激中，孩子们起初是被吓坏了，但随后就能够克服这样的恐惧。他们推荐的冒险性游戏分为六大类：（1）探索高度，或者得到“鸟儿的视角”——称之为“高度能够激起对恐惧的知觉”；（2）拿危险的玩具——用锋利的剪刀或刀子，或沉重的锤子，起初这些看上去都是孩子很难掌控的，但孩子学着去掌控；（3）接近危险的地方——在有大量水的河湖海、池塘、水池和火的附近玩耍，这样孩子将会知觉到他们的附近有危险；（4）混打游戏，如摔跤、玩乐性打斗，这样孩子能学会处理攻击和合作；（5）速度——比如骑车或滑冰；（6）探索独处。特别是最后一种冒险性玩耍“对孩子是最重要的”，因为当他们独处时，能够学会对他们自己的行动和决策的结果负全责，这着实是一种非常惊险的刺激性经验。

许多研究都发现，鼓励冒险性玩乐对孩子有很多好处，比如锻炼社交、发展动作技能、建立自信、防止肥胖，甚至还能提高课堂上的注意力。此

外，美国儿科学会2016年公布的一项研究还称，孩子在上学期间的自由的户外玩耍，对他们学业成就的重要性与阅读和数学课一样。

☆ 不要回避性教育

除了绑架、勒索等伤害外，对未成年人来说，还有一种特别要预防的是性侵害。据我国公布的《女童保护2016年性侵孩子案件统计及孩子防性侵教育调查报告》显示：仅2016年一年，有记录的儿童性侵案件数量是433起，受害人778人，比2015年增加22%。

父母是孩子性教育的第一任老师，孩子一生的性教育课从孩子一出生就要开始。在对孩子的性教育中，父母双方有同等的责任，父亲这一重要角色不能缺失。父亲既可以和儿子谈性话题，也可以和女儿谈，没必要刻意回避。孩子问什么，就大方告诉他科学知识。

一般来说，3岁以后，孩子的神经生理逐渐发展和成熟，性探索活动也自然地开始出现，这是生命的本能。在这个时期，父母可以通过人体绘本、人体器官挂图、拼图、视频或人体模型等，告诉孩子每个器官的科学名称和功能，让他们从小了解、热爱自己的身体。

在介绍的时候，不要刻意跳过生殖器官，一定要让孩子从小把生殖器官看成是身体自然的组成部分，而不是害羞的、难以启齿的。

很多中国父母在给孩子的生理教育中，不好意思直呼生殖器官名称，其实只有做到能自然地说出“阴茎”“阴道”这些名称，就能更好地进行家庭性教育。要保护孩子，减少性侵害的危险，需要让孩子知道安全的界限。父母在给孩子洗澡时，要告诉他哪些部分是隐私部位，除了清洁或者医生检查，其余是不能让别人看和触摸的，也不要摸别人的。

☆ 鼓励孩子大胆说“不”

父母还需要让孩子知道，在感觉受到伤害，或者认为别人做得不对时，要大胆地说“不”，因为这是他的权利。

在这方面，一些西方国家做得比较成熟。英国孩子从5岁开始就在学校接受有关防止性侵犯的课程，了解身体的哪些部分属于私处，与异性接触应该保持怎样的分寸，在遭受性侵害时应该怎样求助等。

瑞典的未成年性教育是世界性教育的典范，国家规定对7岁以上的少年孩子进行性教育，在小学传授妊娠与生育知识，在中学讲授生理与身体机能知识，到大学则把重点放在恋爱、避孕与人际关系处理上。

延伸阅读

儿童情感的发展

——选自《蒙台梭利幼儿教育法》

关于儿童情感与精神生活的发展，蒙台梭利相信，儿童在出生时，内心就具有一种能与情感和精神环境发生反应的本能，并发展出对他人的理解与爱的能力。儿童的智力发展，需要通过物质环境的刺激而实现，而情感的发展则需要人类的刺激。

儿童从出生起，首先要经历一个大约两个月的精神唤醒期，此时儿童被本能的母爱所环绕。母爱唤醒了儿童内在的感觉，进而刺激儿童的情绪，最终发展出对母亲的爱和依恋。儿童的这种情感一旦觉醒，就会开始对爱护他的人有反应，会受到情绪世界的吸引，就如同儿童受到物质环境中各种刺激的吸引一样。这种情感与精神上的吸引相当微妙且不可思议，就像智力发展过程一样，也很容易被破坏或毁灭。因此，儿童的自由选择权利必须再次受到重视。

假如成人能够谨慎地提供给儿童发展所需的方法，适时地对儿童予以协助而不以权威来支配，那么，儿童对于成人给予的爱与尊重就一定会有所反应。"终有一天，儿童对于我们的精神状况会颇为敏感，同时他也知道如何服从我们，如何与我们交流，如何与我们分享他生活中的快乐，这一切都将会成为他生命中的新元素。"最后，儿童犹如关注自己一般开始关注其他的儿童，对于其他儿童的工作与进步显示出关怀和兴趣。

要使儿童情感与精神达到成熟的状态，不仅要发展儿童爱的内在能力，也要发展其道德感。蒙台梭利确信，道德感也是儿童出生时就存在的一种内部本能。“我们天生就具有一种内在的感觉，它能警示我们了解危险所在，促使我们去识别什么事情有益于生命，这应该不算是什么不可思议的事情。”要使儿童具有道德感，儿童本身必须具有辨认是非的情感意识和认知意识，也需要成人给予正向的榜样的力量，需要一个善与恶分明的环境。这里所谓的“善与恶”并非指一般的社会习惯，而是指生命本身最深层的本质，“善是生，恶是亡，两者的差异从字面上就应该清晰可辨。”成人必须明白，无论我们怎样努力，都不可能强迫孩子成为一个有道德感的人，但我们可使他走上正确的路。

4

不散漫，逮住粗心大意的“罪魁祸首”

急性子与慢性子是由谁决定的

经常听到有父母抱怨自己的孩子很拖拉，不能快速地完成一些简单的事情，比如吃饭、穿衣服、写作业等；也经常听到有父母抱怨自己的孩子很急躁，做事情“三分钟热度”。到底是为什么呢？其实，这是孩子天生气质的不同。

每个孩子有不同的气质类型，通常孩子长到三四岁时，个性特征就开始显现。有的孩子做事麻利，聪明伶俐，却缺乏耐心，像小兔子一样；有的孩子慢慢吞吞、坚持性强，像按部就班的小乌龟。

个性特征不能简单分成好和差，针对不同个性的孩子展开不同的教育，因材施教，才能帮孩子成为最好的自己。

★ 人的4种气质类型

气质是指人的行事风格。早在2500年前，古希腊著名医生希波克拉底就根据自己的观察将人划分为多血质、黏液质、胆汁质和抑郁质4种气质类型。

多血质的人具有热情、活泼、爱交际、有同情心、思维灵活等品质；也容易出现变化无常、粗枝大叶、浮躁、缺乏一贯性等特点。这种人活泼、好动、敏感、反应迅速、喜欢与人交往、注意力容易转移、兴趣和情感易变换。这种人适宜做要求反应迅速而灵活的工作。

黏液质的人性格平静，善于克制忍让，生活有规律，不为无关事情分心，埋头苦干，有耐久力，态度持重，不卑不亢，不爱空谈，严肃认真；但不够灵活，注意力不易转移，因循守旧，对事业缺乏热情。

胆汁质的人情感发生迅速、强烈、持久，动作的发生也是迅速、强烈、有力。属于这一类型的人都热情，直爽，精力旺盛，脾气急躁，心境变化剧烈，易动感情，具有外倾性。

抑郁质的人神经类型属于弱型，他们体验情绪的方式较少，稳定的情感产生也很慢，但对情感的体验深刻、有力、持久，而且具有高度的情绪易感性。抑郁

质的人为人小心谨慎，思考透彻，在困难面前容易优柔寡断。一般表现为行为孤僻、不太合群、观察细致、非常敏感、表情腼腆、多愁善感、行动迟缓、优柔寡断，具有明显的内倾性。

气质并不是固定不变的，孩子的成长经历能够在很大程度上改变气质。事实上，很多孩子在成长的过程中没有表现出气质的一致性。

★ 气质对应性格

与气质对应的是人的性格，它是一个人对现实的稳定的态度，以及与这种态度相应的习惯化了的行为方式中表现出来的人格特征。性格是一个人重要的无形资产，性格本身并无优劣之分，不同的性格各有其长处和短处。比如，性格比较急（俗称“急性子”）的人大多比较直爽，办事说话喜欢直来直去，不拖泥带水、拐弯抹角，但这种性格的人易于发火，脾气急躁。相反，慢性子性格的人大多态度和蔼，办事说话以稳健为主，慢慢吞吞，不温不火，时间观念不强。性格外向的人多活泼开朗，而性格内向的人则稳定、深沉。

“江山易改，本性难移”，急性子和慢性子都是人的性格问题，性格一旦形成，要想改变就会很难。但性格也并非一成不变，而是具有可塑性的。

★ 人格的形成

气质与性格构成一个人的人格，人格是指一个人与环境相互作用表现出的一种独特的个性，即行为模式、思维模式、情绪反应的特征，也是一个人区别于他人的特征之一。纽约大学精神系教授Thomas夫妇，进行了一项为期超过20年的研究：影响一个人个性的关键因素是什么？他们追踪133个孩子，从幼儿期一直到成年，得出的结论有两个关键的因素：第一，孩子的天性。第二，父母对孩子这些天性的反应。

当孩子长到三四岁的时候，就开始显现其个性特征了。有的孩子无论是吃饭还是玩玩具都特别麻利，聪明伶俐，但缺乏耐心和专注力，对任何事情都是3分钟的热度，像小兔子一样；有的孩子则慢慢吞吞，个性坚强，就像小乌龟一般。

★ 急性子孩子的教养法

对于急性子的孩子，如果不加以引导，发展下去很有可能会成为上课坐不住、容易开小差的学生。引导性格比较急躁的孩子，父母要注意以下原则：

☆ 从孩子的兴趣爱好出发锻炼专注力

孩子的注意力分散，有时候与所做的事情自己不感兴趣有关。为了培养孩子的专注力，可从孩子的爱好入手，比如，有的孩子喜欢和大人比赛，那么父母就可利用孩子好胜的心理，和孩子一起互动的过程中，让孩子不断取胜，勇于探索，进而培养专注力。

☆ 给予专门的耐力训练

可以从体育锻炼入手，如规定每天固定的时间练习跳绳、丢沙包等体育项目。如果孩子的年龄小，可选择慢跑。无论选择哪种锻炼方式，父母必须配合，帮助孩子坚持下去，这样必有收获。

☆ 适时的鼓励不可少

急脾气的孩子做事缺乏耐心，如果某件事情没做好，容易自暴自弃。这时候，父母要给予适时的安慰和鼓励。同时，要根据孩子的实际情况，安排他力所能及的游戏或者家务活，当孩子出错时，千万不要指责。

另外，父母要注意控制时间，不论是学习还是游戏都要劳逸结合。

★ 慢性子孩子的教养法则

孩子做事说话慢慢吞吞，任何时候都不着急，这种情况也会令身处快节奏社会的父母不安。

慢性子的形成大致有以下几个原因：

1.先天气质。比如，黏液质的孩子就属于安静、稳重型的，办事认真，但动作缓慢，缺乏一定的灵活性。

2.年龄因素。孩子小的时候，身体发育处于初级阶段，神经肌肉运动尚

不协调，这也会导致行动迟缓。

3.父母包办。如果父母都是急性子，一看到孩子慢吞吞就不由自主地帮他做了，这种帮助无形中剥夺了孩子的练习机会。长此以往，孩子就会缺乏自主性、责任感，本身的潜能也会慢慢退化。还有一些父母看到孩子慢吞吞就呵斥一通，这会增加孩子的挫败感，使得孩子在做事情的时候感到紧张，结果反而更慢了。

4.三心二意。个别孩子自身有注意力缺陷，比如多动症，外界稍有风吹草动，孩子的注意力就会受到干扰，做事不能专注。

对于慢性子的孩子，父母要仔细观察，如果孩子做事情虽然慢，但认真仔细，且完成速度不影响学习或生活，可不进行干预。如果发现孩子做事情磨蹭、拖延严重，比如考试的时候做题太慢，在规定的时间难以完成，影响到学习成绩，对于此种就要重视并进行纠正。

★ 鼓励孩子，慢慢提高效率

急性子父母面对慢性子的孩子，真是既着急又生气，恨不得自己去替他做。而对于那些自己帮不上忙的事情，父母就不断地催促孩子快点。结果发现在自己的不断催促下，孩子做事速度非但没有提高，反而变得更慢了。究其原因，是因为孩子内心的节奏被父母打乱了，原本想好先做什么后做什么的顺序也完全变乱了，于是，孩子要花更多的时间找回自己的节奏，做事自然变得更慢了。长此以往，孩子无论做什么事情都会产生一种紧迫感，担心自己会因为做得慢而被别人嫌弃，甚至因此而放弃对许多新事物的尝试。因此，与其在旁边不断催促孩子，父母还不如让孩子按照自己的节奏去做事情，然后慢慢帮助孩子提高效率。

慢性的孩子大多比较内向，所以这类孩子一般比较敏感，到最后慢慢变成一个心结，无法消除。因此，父母更要积极鼓励和关注，帮助孩子建立信心，从而获得力量和勇气应对生活与学习中的挫折。

对于成长中的孩子来说，鼓励是一剂良方。就像一朵正在成长的花儿，需要的是柔和的阳光和雨露，而不是暴风骤雨。

★ 放手让他做事，给他做事情的自由

父母要舍得放手，给孩子尝试的机会，孩子才能独立成长。爱不等于控制，放手不等于不管，父母需要注意的是，在引导孩子做一件事情之前，一定要先讲清规则，然后放手让孩子按照自己的节奏去做，相信慢性子孩子也知道如何快起来。

父母必须明白，儿童独立成长的过程需要经历许多准备阶段。首先，他们必须为自己和自己的身体器官进行准备。然后，他们会逐步变得强壮，再接下来他们会对他人进行观察，最后到自己能够独立做事，这都是自然的要求。大自然还要求他们进行练习，比如搬椅子、爬梯子等。只有在这些都完成之后，他们才能达到一个新的时期，产生自己做事的心理需求——“我已经准备好了，我要自由”。

父母必须尊重孩子做事情的节奏，如果自以为是地去帮助孩子快起来，一定会严重阻碍孩子的正常化发展，越帮越慢，严重伤害孩子的自信心，欲速则不达。

延伸阅读

让急性子的孩子学会延迟满足

自我延迟满足是指一种甘愿为更有价值的长远结果而放弃即时满足的抉择取向，以及在等待期中展示的自控能力。一个人的自控能力越强，也意味着学习或工作的专注度越高。

◎ 有趣的“棉花糖实验”

延迟满足源于一场心理学实验。20世纪70年代，心理学家沃尔特·米歇尔（Walter Mischel）在美国斯坦福大学附属幼儿园主持了一个著名的“延迟满足经典实验”，也称为“棉花糖实验”。实验以学龄前孩子为研究对象，预测出参与实验的孩子日后生活幸福与成功的相关性，使得米歇尔成为延迟满足和自我控制研究的鼻祖。

米歇尔把一些4岁的孩子带到一间简陋的房子，然后分给每个孩子一颗好吃诱人的棉花糖，并告诉孩子们他要离开这里大约20分钟，能够坚持到他回来后吃这块棉花糖的小朋友，将会再奖励一颗棉花糖，也就是可以得到两颗棉花糖；坚持不到他回来的小朋友只能吃到手里的这一颗棉花糖。

在那之后，先后有600多名孩子参与了这项实验。

结果发现，在等待的过程中，有一些小朋友实在经不住棉花糖的诱惑，明知道多坚持一会儿可以得到两块棉花糖，但还是忍不住吃掉了。有一些小朋友则为了得到两块棉花糖，使用各种各样的方式克制住自己，让自己坚持了下来。他们有的自言自语，有的唱歌，有的玩弄自己的手以分散注意力；有的趴在胳膊上眯着眼睛不去看诱人的棉花糖；有的干脆努力让自己睡着了。最后，这些自我控制力强的孩子如愿以偿，得到了两块好吃的棉花糖。

◎ 自我延迟满足与自控力正相关

这项实验最初的目的，是研究孩子在什么年龄会发展出某种自控能力，但是实验到这里并没有结束，米歇尔对参加实验的孩子们进行了持续数年的跟踪研究，结果显示，这些孩子的自我控制能力在这些年没有发生丝毫变化，从少年到成年后亦是如此。

当年“自我延迟满足”能力强的孩子，即小时候自控能力强、能够抵制诱惑等到两块棉花糖的孩子，到了青春期表现更出色，自信、独立，具有冒险精神，受人欢迎；长大后的考试成绩优异，教育水平更高，肥胖指数低，危险药物使用较少，在人际关系方面也表现出更强的处理问题的能力。他们不急于求成，耐心等待机遇，可以为了长远目标牺牲眼前的利益。

而那些只吃到一颗棉花糖的孩子，在个性方面更多地显示出固执、容易受挫、优柔寡断等倾向，长大后表现出自控力差、比较散漫、依赖性强、适应能力弱，做事情容易三分钟热度，面对挫折畏难而急躁，甚至有暴力倾向。实验还证明那些有耐心等待吃两块糖果的孩子，事业上更容易获得成功。

在这个实验中，要注意孩子的年龄问题。米歇尔的研究小组在1992年的报告中明确指出，5岁似乎是一条重要的分界线：4岁以下的孩子大多不具备延迟满足的能力，而5岁以上的孩子就明显出现了早期萌芽。在针对更多孩子的研究中，发现大多数孩子在8～13岁的时期，都可以发展出一定的延迟满足能力。这一结论与最新的神经发育研究的结果相吻合。

由此可以看出，一个人童年自控能力的强弱与未来人生的成就、幸福和健康都有着显著的关联。这正应了中国的一句老话，“3岁看大，7岁知老”。童年可以决定一个人的未来，影响一个人的一生。

现在，大家的生活条件都提高了，父母总会千方百计地满足孩子提出的要求，但是这种做法也让孩子失去了锻炼“自我控制能力”的机会。

怎样引导粗心的孩子

“这孩子太粗心了！”看到儿子二年级数学期末考试的试卷，晨晨的爸爸不由得发出上面的感叹：很多列竖式的题在计算过程中对了，但写答案的时候却抄错了，还有的是看错了行，张冠李戴……对于儿子的粗心，晨晨的爸爸认为，这是因为孩子还小，不懂得检查，等过几年就会好起来。

★ 人们对“粗心”认识不足

每当孩子犯了“不该犯”的错误时，尤其是考完试之后，不少父母都会将其归结为孩子的“粗心”或“不认真”。其实，不只是孩子，大人也有粗心的时候，很多人做事情不是也马马虎虎不精细吗？但是，如果对“粗心”的本质没有足够、正确和清醒的认识，父母在教育上不去寻找根源，一代又一代孩子就会变成“差不多先生”。

《差不多先生传》是胡适创作的一篇传记体裁寓言，讽刺了当时中国社会那些处事不认真的人，从“处事”不认真到“处世”不认真，许许多多的人就在“差不多”的圈套里度过一生。就像晨晨爸爸那样认为，孩子还小“差不多”就行了，年龄大点就会改掉粗心的毛病，而不去加以纠正的话，粗心可能会陪伴孩子的一生。

★ 哈佛大学的心理学实验

关于粗心，哈佛大学的心理学团队曾做过一个实验。

研究者先找了该校的几名学生当演员，制作了一个将近一分钟的短视频，视频的主要内容是有两队运动员在球场上不停地传递篮球，他们分别穿着白色和黑色运动服。

视频拍摄好之后，研究者在校园里招募一些志愿者进行实验。他们先让志愿者聚集在一起观看这个视频，在观看前提出要求：志愿者要计算穿白色运动服的队员传球的次数，同时可以完全忽略穿黑色运动服队员的传球次数。研究者还说，他们要看看男性志愿者和女性志愿者在计数上的差异。

观影结束后，研究者立即要求每个志愿者将他们看到的答案写下来。真正的答案也许是 34 次或是 35 次，其实这并不重要。让这些试验者记住传球次数，只是把他们的注意力集中到屏幕上，而不是关注他们的计数能力。

事实上，在视频中，除了穿白色与黑色运动服的运动员外，还有一个把自己伪装成大猩猩的人，这个“大猩猩”走到运动员当中稍停顿，对着镜头敲打自己的胸膛，然后走开，他在屏幕上出现了约 9 秒钟。

在询问完传球的次数以后，研究者继续问问题：在你数传球次数时，你看到什么特别的东西了吗？

答：没有。

问：除了运动员，你还看到什么了吗？

答：我看到了这里还有电梯，还有就是墙上有 S 形标志，可是我实在不知道 S 代表什么意思。

问：除了运动员，你还看到其他人了吗？

答：没有。

问：你看到大猩猩了吗？

答：什么？大猩猩？没有。

在这项实验中，大约有一半志愿者没有看见短片中出现了 9 秒的大猩猩！当他们重新观看录像而不需要计数时，所有人都轻而易举地发现了人群中的大猩猩。很多志愿者惊讶地表示：“我居然没有看到！”甚至有一个志愿者坚决不承认影片中有大猩猩，他认为他前后两次观看的影片根本就是不同的版本，可见他第一次看短片的时候是多么确定上面没有大猩猩。

这种感知上的错误是“对某个意料之外的物体缺乏注意力”造成的，科学上的专有名词是“不注意视盲”。人们没有看到大猩猩，不是眼睛出了问题，而是因为把全部注意力都集中在视觉世界的某个特定区域或物件上，当预期之外的事物出现在眼前时，无论它多么抢眼，人们仍然会“视而不见”。

★ 儿童粗心的真面目

回到孩子粗心这个问题上来，我们判断“粗心”通常的标准有：

“题目很简单，平时都能做对，考试却错了。”

“不是不会做，是将问题审错了。”

“不是没有时间去做，而是漏题了。”

我们常常认为，孩子平时会做的题目，考试时就能全部做出来，其实，事实并不是这样。透过现象看本质，这些“粗心”的背后一方面反映出孩子在0～6岁期间心智构建方面出了问题，另一方面，是孩子学习中存在多种问题。对于前者已无法改变，对于后者，稍加研究并加以注意，会有一些收获。

☆ 对知识的熟练程度不高

所谓熟练度，就是考试或者做作业时答题的速度和正确率。可以换位思考一下，假如让一个大学生去做小学一年级的数学题，一定是非常容易。但是，当我们在计时的情况下，要他完成500道题，他不一定能全对。如果平时他经常做计算类的工作，很可能做得又快又准；如果平时他疏于做简单计算，很可能做得很慢而且错误百出。

要解决熟练程度不高的问题，不仅要有学习态度，还要反复练习。对于粗心的孩子来说，不妨对同一类题反复演练，提高对知识点的掌握程度。

☆ 对知识的基本概念模糊不清

有一些孩子，平时会做的题目，在考试的时候却做错了。其实，这是一种自欺欺人的自我安慰罢了，他们根本就没有搞懂，只是自我认为“差不多”就是这样，头脑中只有一个模糊的概念，很多概念的细节到底是什么？他们并未深究。在考试有时间限制和压力的情况下，人通常本能地选择自己大脑中最先搜索到的记忆存储，而这个记忆和认知很可能是错误和疏漏的。

有的孩子虽然能得到题目的正确答案，但是思路却是模糊的，似懂非懂，题型稍有变化，就容易做错。

解决此类“粗心”的办法是，平时就要从错题入手，建立错题本，要求孩子写出题目的详细解题过程，搞懂错的原因以及改正方法。此外，还可以让孩子自己去讲解题目，不但有助于提高孩子对题目的理解能力，还可锻炼孩子的语言表达能力。好习惯会让人终身受益，特别是小学阶段，如果能养成好习惯，会为以后的学习和工作打下坚实的基础。在孩子讲题的时候，父母也可以和孩子一起学习，增加互动感，是一项有意义的亲子活动。

☆ 细节决定成败

很多孩子写作业不认真、不检查、不喜欢打草稿、不肯写步骤等，也都是习惯的问题。还有的孩子做题喜欢跳步骤，不但容易错，还会导致按步得分时得不到前半部分应该能得到的分。

解决办法是，如果做数学可以先在草稿纸上画图，画图常常能使自己的思路清晰；不要想当然地认为自己会做某一道题，就忽略了基本的步骤。戒骄戒躁，把每一步落实到纸上。题目会做，却在考试时丢步骤分，是最可惜的。细节决定成败，习惯决定未来。大多数孩子的自控力较差，学习习惯不好，这时候就需要父母来帮忙，决不能放任孩子边看电视边写作业，这样会加重孩子粗心、三心二意的坏毛病。当孩子养成贪玩、拖拉、注意力涣散等不良学习习惯，父母事后再想纠正，就难上加难，所以，平时就要发挥良好的监督作用。

从心理学的角度看，孩子的控制能力随着年龄增长而自然发展。0～6岁幼儿期的儿童在成长规律的指引下完成自我构建，他们还需要成人帮助而且受到个人兴趣的影响。研究发现，孩子的自我控制能力在3～4岁还不明显，从缺乏自我控制到有自我控制的转折年龄在4～5岁，且此时发展速度最快，到了5～6岁绝大多数孩子都有了一定的控制力。经历了幼儿阶段自我控制的基础发展，进入小学阶段，孩子自我控制能力得到全面提升与发展。

掌握扎实的基础知识、学会学习、喜欢学习是孩子成才的奠基石，而自我控制是青少年学习活动的重要保证。

细节决定成败，同样是学习，有的人能取得高分，成为“学霸”，不单单是因为聪明，主要是养成了很强的自我控制能力，有做事仔细、写作业一心一意的好习惯。

★ 培养专注力

面对粗心的孩子，父母要注意培养其专注力，不能仅仅将眼光停留

在学习上，还要从生活中训练，才能取得事半功倍的效果。

比如，可以从视觉、听觉等方面入手，平时多读书，下棋、玩智力游戏等都有助于提高注意力。训练分析能力，要养成随时问为什么的习惯，养成思考的习惯。每天让孩子多阅读，给他创造阅读的环境，挑选适合他年龄段的书，也可让孩子参与家务劳动，做些力所能及的事情……可以不优秀，但不可以不努力！这些都需要切实去做，坚持一段时间，你就会发现孩子明显的进步。

字迹太潦草，拿不到高分

字如其人，能写得一手好字无疑会成为自己靓丽的名片。有的孩子写字潦草，简单的字恨不得一笔带过，跟医生写病历、明星签名有一拼。

为了培养学生的书写能力，有的学校特意在考试中设置了2分的卷面分，如果学生书写干净工整美观，这2分很容易就能拿到，否则会扣除相应的分数。怎样才能避免被扣卷面分？字写得难看会不会扣分呢？这些也引起了父母的热议。

长期从事小学语文教育的老师们提起孩子们的语文卷子就很无奈：每到考试的时候，翻看几个班级的语文考卷，就会发现潦草的卷子占一半，“龙飞凤舞”的书写令人不堪卒读。

随着电脑的普遍应用，许多青少年对电脑越来越依赖，汉字书写越来越生疏。除了字迹潦草外，很多学生还存在字写得太难看的问题。

★ 书写潦草的原因

1.性格影响。良好的书写习惯不是一朝一夕就能养成的。书法与孩子自身的性格有关。有研究发现，性格活泼开朗的孩子写字会放松，不太注重汉字的一笔一画，性格乖巧的孩子则字迹清秀，书写会规范很多。

2.正确的书写指导。一般来说，在小学一二年级的时候，老师更多注重孩子习惯的培养，在教学中会注重矫正孩子的书写姿势，到了高年级，教学和作业逐渐增多，老师的重点会集中在孩子知识的掌握上，无暇顾及学生的书写。有些孩子就会放松自己，写字不遵守书写规范，更容易潦草。

3.兴趣影响。我们常说，兴趣是最好的老师。一件事情能否引起孩子的兴趣非常重要，孩子在遇到自己喜欢的、感兴趣的事情时，会十分专注地做事情，不易受外界环境干扰，当孩子面对他们不喜欢、不感兴趣的事情时，瞬间就会失去自我控制能力。因此，要在儿童时期把握儿童书写的敏感期，培养他们对书写的爱好。儿童书写的敏感期是在三岁半到四岁半，书写标志着儿童的大脑和手，都得到了一定程度的发展，它能使手掌握一种跟说话同样重要

的技能，并且创造能精确地反映口头语言的第二种交往手段。这一时期，儿童对书写表现出强烈的兴趣。

4.态度方面的影响。随着课业的增加，作业内容也越来越多，需要花费大量的时间去完成，这使得很多孩子在写作业的时候开始浮躁，只想加快速度完成作业，没有精力去一笔一画地写，写的时候也没有认真思考，错了就涂改，字迹就开始潦草起来，看上去杂乱无章。

★ 书写习惯要从小培养

“人生聪明写字始。”写好汉字是孩子终身学习与发展的一项必备技能，从小培养好孩子书写规范的习惯，对孩子的成长以及未来都有重要的作用。追根溯源，对书写潦草的孩子，父母可从以下几方面入手。

孩子的性格是天生的，对于性格外向的孩子，平时做作业过程中如果发现孩子写字不规范，父母应及时督促，必要时要求孩子擦掉重新写好，从而让孩子养成写字规范的习惯。

多和学校老师沟通，让老师在书写规范这方面对孩子强调和督促。

依照孩子的天性，提高孩子写字兴趣。父母充分引导孩子对写字产生兴趣，可以采用新颖的画图方式与孩子进行沟通，把孩子写的不规范的字比喻成一些奇形怪状的动物，这样孩子就会记住自己的错误。

严格规范孩子的书写习惯，对孩子的拿笔姿势及坐姿，都必须严格要求，当孩子的书写有了进步的时候，父母可以适当采用表扬或者奖励的方式来鼓励孩子继续加油，努力进步；当发现孩子书写不规范的时候，也要采取一些惩罚的方式，让孩子知道写字的重要性。

选择适合的握笔器和字帖，以纠正握笔不正确或笔画不规范的毛病。尽管字帖临摹可以弥补这两方面的不足，但是需要注意的是，要选择适合孩子的字帖，且不宜经常更换字帖，认真摹写对培养孩子的专注力也会有很大帮助。

练字要持之以恒，需要父母和老师共同努力，帮助孩子树立写好字的信心，同时为他们创设喜欢的书写环境，以培养孩子良好的书写习惯。

Wise counsel

锦囊妙计

※ 对症下药，纠正不良习惯 ※

被誉为“古希腊七贤”之一的哲学家、数学家泰勒斯也是一位成功的商人，他曾开立盐店，专门雇佣驴队将食盐从山区的盐矿向外运输。每天，工人们从盐矿中挖出食盐，装入袋子里，然后放到毛驴背上，让它们驮下山送到城里的市场内。

在从盐矿下山的路上，有一条小河，一年四季水流不断，但水很浅，基本没有任何危险。有一次，一头驴在过河的时候突然滑倒在水里。几天后，当泰勒斯视察盐矿的时候，工头向他反映了一个奇怪的现象：那头曾经在河里滑倒的毛驴此后每次下山过河的时候，总是站不稳，会落入水中。不过，当这头毛驴上岸之后，它就会变得一切正常，走起路来看不出一点毛病。

听了工头的叙述之后，泰勒斯也感觉这个事情比较奇怪，于是决定亲自去看一看。第二天，他在河边等到了驴队。那头驴在过河的时候，又一次滑倒在水中，并且挣扎了一会儿才站立起来，过河后很快就跟上了整个队伍。

看完这一切之后，泰勒斯哈哈大笑说：“我明白了，这只毛驴懂得了水能溶解盐，在水中打完滚后，背上的负担会因此减轻不少，于是养成了这个习惯。”泰勒斯为了改变这头驴的恶习，在接下来的几天里，它没有让毛驴再驮盐，而是驮了大块的海绵。这样毛驴在过河打滚的时候，海绵会吸收大量的河水，让它背上的重量倍增。这个“药方”用过几次之后，毛驴就再也没有在河里滑倒了。

☆ 培养积极的态度

对孩子来说，养成良好的习惯很重要。如果家长或老师不及时纠正写字潦草、学习浮躁的缺点，时间长了也会养成坏习惯，纠正起来更难。

态度决定一切，积极的学习态度能让很多问题迎刃而解。俄罗斯心理学家西・索洛维契克曾做过实验，证明了学习的积极态度对学生思维和兴趣的影响。

在西・索洛维契克的实验中，每位学生参与者根据自己平时的学习状况选择一门不太感兴趣或者学得比较差的课程，在每次上这门功课前，完成以下几种活动：第一，保持微笑，双手对搓，同时嘴里轻唱自己最喜欢的歌曲，尽量做出摩拳擦掌、跃跃欲试的样子，目的是为了放松心情；第二，脑子里要不断暗示自己：这门课的内容很简单，我能很轻松地掌握它；第三，告诫自己要努力地去学习，要比平时更细心一些，要花更多的时间。

这个实验的结果是，它有效地改变了同学们以前对某一课程的消极态度，消除了原来对课程的烦恼和畏惧感，并从探索知识的过程中体验到了乐趣。参与这项实验的3000多名学生中，绝大多数都取得了明显的进步，他们开始对原来最感头痛的课程产生了兴趣。这个实验中所采取的做法操作起来也十分简单，而且一般只需持续 3 周左右，便可奏效。

☆ 不要强化孩子的缺点

为了培养积极的态度，家长千万不要强化孩子的缺点。关于强化的研究，最早始于美国行为心理学家斯金纳。他根据强化物的性质，把强化分为正强化和负强化。正强化是指由于刺激物在个体做出某种行为后出现从而增强了该行为发生的概率，该刺激物也称为积极强化物。负强化是指由于刺激物在个体做出某种行为后而予以排除从而增强了该行为发生的概率，该刺激物也称为消极强化物。

斯金纳认为，强化作用是塑造儿童行为的基础。只要了解了强化效应和掌握好强化技术，就能控制行为反应，就能塑造出一种教育者所期望的儿童的行为。

家长们因为孩子字迹潦草、学习粗心而责骂或体罚孩子，当着孩子的面不断重复训斥孩子……其实是在强化他的粗心、做作业潦草，等于在提醒孩子要粗心，因为孩子潜意识只接受有实质性意义的信息，比如说："以后不要在这样粗心大意了！"潜意识接受了粗心大意，而那些"以后不要……"潜意识是不会接受的。

如果家长能反过来做，在孩子表现粗心的时候不去过度关注，假装没看见。淡化孩子的粗心，然后在他偶尔细心的时候马上表扬他，或者给予孩子赞赏的目光和微笑的面容，或者轻抚学生的头或肩膀。这些面部表情和肢体语言都是鼓励孩子下次再做出正确行为的有效的正强化物，可以使人得到很大鼓舞，这样慢慢地就会向着细心方向发展了。

在正面强化时，一定要及时。由于儿童的认知水平不高，只有及时强化才会意识到自己的某个行为是值得表扬的，才会建立自己的行为和强化之间的关系。

延伸阅读

儿童专注力的发展

——选自《蒙台梭利幼儿教育法》

◎ 培养注意力要从“内在需求出发”

从注意力发展到专注力，这个历程所遵循的自然法则，是0～6岁幼儿时期建立起来的。在成长中的某个阶段，儿童会开始以前所未有的热忱和兴趣，把注意力集中在某一件特定的事物上，仿佛是出于某种内心的冲动，这明显是由他们成长发育的“内在需要”所引导的。

从生理角度上讲，由于儿童生理发育还不完全，这就要求遵循自然来发展生理上的适应，所以发育过程中对适应力无用的刺激物，不仅不会吸引儿童的注意力，还会使他们感到疲劳，并进而伤害他们的感觉器官，如眼睛和耳朵。但如果儿童选择了自己喜欢的工作，并全神专注而有目的地去做这件事情，会不停地去重复，脸上会浮现出非常愉悦的表情。这种愉悦正是健康的功能活动的一种表现，它总是伴随着有益于身体各个器官发展的活动。

促使儿童表现出这种活动的现象，显然是一种内心的原始冲动，就像一种模糊不清的精神饥渴。要使这种精神饥渴感有所满足，就要将儿童的意识引向明确的目标，引导它逐渐成为最基本的自我构建，但在比较、判断、决定一个行动和纠正某个错误当中，又是一种复杂的、重复的智力活动。这样，便延长了促进儿童内部发育的复杂活动的练习。

由于这种内在意识的发展，儿童工作时显得非常愉悦，工作的时间也就延长了。这好比人渴了要解渴，只看着水或小口喝水是不够的，口渴的人必须喝个饱，也就是说，喝到满足他自己需要的水量。因此，要满足儿童的这种生理饥渴，只是让他好奇地观看是不够的，更不用说只听描述如何做了。儿童要想满足生理饥渴，就必须有拿到手里能尽情地工作的东西，直到他心满意足。这是心理构建的基础，也是教育的唯一秘诀。

儿童集中注意力能够使其心理得到发展，提高运动的协调性，最终使他的偏差得到纠正。重要的是，我们要去激发儿童产生一种让他全部人格投入的兴趣。

蒙台梭利发现，儿童在敏感性的引导下，依靠一种内在的力量，对环境中有意义的事物产生兴趣。儿童的注意力被吸引，并通过真实的工作方式，促使注意力高度集中，逐步达到精神上的专注。

但是，注意力需要有与所需要的外部目标相关的观念性的准备工作，换言之，就是一种内部心理的适应。当外部刺激作用时，大脑内的中枢神经通过一种内部程序依次兴奋。比如，一个正在等人的人看到那个人正在走过来，这不仅是因为那个人出现在他的视觉中，还因为他正在盼着对方的到来。他隐约的身影受到注意是由于大脑的中枢神经已经兴奋起来了。简言之，这种力量作用于脑细胞上，就像是作用在一扇关闭的门上：外部感官力量敲门，内部力量说——开门。儿童通过内心的精神力量打开注意力的大门，否则，外部力量敲门也是徒劳无功。教育的艺术就是抓住儿童的注意力，确保当外部敲门时儿童的内部力量也去开门。

◎ 从已知带到未知，从简单到复杂

然而，当儿童对目标完全不了解或不明白时，他就不会对目标产生兴趣，这时教育艺术的基本原则是：把他们从已知带到未知，从简单到复杂。因为事先已经存在的“已知”，是打开通往“未知”之门的钥匙，它能引导儿童产生期望，并把注意力集中到期望的事情上来。“儿童会注意他心中已有印象的事物，还有他在前一个阶段已吸收的事物，而且对于已吸收的事物都有一种倾向，要把它们长留脑海、反复思考。”

儿童的注意力不会被无关紧要的东西吸引，只会被那些能满足儿童兴趣的东西吸引。对儿童内心发展有用的东西，就是能引起儿童兴趣的东西。所以，他们总是选择能与自己内心活动的要求协调一致的外部活动。

一旦儿童开始集中注意力，他就将经历一个又一个状态的蜕变：从已知到未知，从简单到复杂，从具体到抽象，这是儿童内部心理成长的自然历程。当儿童在原始冲动的基础上，增加了他对外部事物认知的注意力时，她便获得了与这个世界的其他关系和其他形式的兴趣。它们不再仅仅局限于与原始本能有关的原始兴趣，而是建立在获得知识的基础之上，并且已经成了有洞察力的兴趣。

◎ 儿童通过专注力来巩固自己的个性

吸引孩子的注意力并不是终点，而是儿童心理旅程的新起点，因为儿童要通过专注力来发展并巩固自己的个性，儿童的个性化促使其心理正常地发展。儿童会因为本能的兴趣而被某些事实所吸引，比如明亮的色彩等。等到他获得较多的经验后，就会对已知的事物逐渐有了认识，进而又激发他对未知的新奇的事物产生更大的期待与兴趣。

在这种情况下，一种基于理智来判断及辨识事物的兴趣，取代了那种基于原始冲动本能的兴趣。当儿童能运用这种基于理智的兴趣，对事物集中注意力的时候，就会把原始冲动转化为一种有意识而主动的探索，这样就会变得更加专注、平静且能自控。他也会十分明显地表现出因为集中注意力而感到的愉悦，显得轻松而满足。蒙台梭利把这种外表的愉悦表现视为“儿童内在不断发生自我构建的征兆”。

这样，儿童内心里不仅拥有了要求增加知识的推动力，还建立了内部秩序，并通过持续不断的练习使其得到稳定的发展，逐步达到了平衡。如此，儿童就会变得眼疾手快并且精细而专注，推理能力和理解力迅速提高，做事会井井有条，生动活泼，“付出最少努力，获得最大收益”的法则就会真正实现，达到了以最小的努力充分地挖掘儿童潜能的教育目标，使得个性得以成长。儿童的一些偏离正常化的行为现象，如任性、混乱、胆怯、懒惰、依恋、贪婪、说谎等都会逐渐消失，随后而来的就是诸多优秀品质的建立，如精力集中、乐于工作、遵守纪律、容易相处、融入社会、爱好和平等。

预防问题少年，好孩子从养育开始

不要轻易给孩子贴上“多动症”的标签

经常有父母问关于孩子好动、注意力难集中的问题：“孩子今年3岁了，大多数时候像个穿天猴似的，活蹦乱跳不得安生，把家里搞得乱七八糟，是不是有多动症啊？”

“我的儿子从小就爱动不爱静，家里人都觉得他比同龄的孩子更闹腾，小时候哄他的时候，大人必须抱着他走来走去才高兴，要是一坐下就哇哇大哭。长大点后教他认字，他通常都听不进去，除非自己感兴趣的。现在上了幼儿园，老师反映孩子上课不认真听讲，喜欢走来走去，和同学说话。课间校园里活动不听指挥，到处乱跑，和同学玩不了多长时间就发生矛盾……”

“孩子上一年级了，上课注意力难以集中，班里面稍微有一点的‘风吹草动’，第一个受影响的总会是他，课堂上东张西望不说，身体还会扭来扭去，就好像屁股底下有钉子似的。这要不要紧，是不是得了多动症啊？”

上面这几位父母说的问题，有的是多动症的表现，有的只是孩子活泼好动。对于这个问题，父母容易走入两种极端：一种是缺乏对小儿多动症知识的了解，一旦孩子行为异常时，就认为孩子太淘气，“棍棒底下出孝子”，对孩子又打又骂，忽视了对疾病的诊断和治疗；另外一种是过度诊断和治疗，早早地给活泼好动的孩子戴了一顶多动症的“大帽子”，无形中增加了孩子的心理压力，影响身心发育。

★ 什么是多动症

多动症，学名注意力缺陷多动障碍，英文缩写ADHD（Attention Deficit Hyperactivity Disorder），主要以家长和老师提供的病史、临床特征、体格检查和精神检查作为诊断依据。严重者可能会造成注意缺陷、活动过度、冲动好斗、认知障碍、学习困难等症状，甚至出现神经系统异常和行为品行问题。

这类孩子的智力正常或基本正常，但会在专注力、协调性、秩序感、独立性和社会性五个方面出现问题。具体而言，在学习、行为及情绪方面会有严重的

缺陷，其临床表现以好动、注意力不易集中为主。学龄孩子还可见上课不专心听讲、小动作多，做作业潦草、磨蹭，学习成绩不稳定或学习困难；冲动任性、情绪不稳定等，在家庭及学校均难与人相处，日常生活中使父母和老师感到为难。

进一步发展可能会厌学、逃学，甚至表现出暴力行为，从而引发犯罪，这些异常行为不利于孩子身心的健康发展。国内曾对1292名违法犯罪青少年进行调查，发现其中有978名青少年学龄期被诊断为孩子多动症，患病率为75%。这一研究提示多动症患儿易发生心理偏差、品行障碍甚至违法犯罪行为。

有一些父母对多动症不以为然，认为长大了就会好了。实际上，一旦发现孩子有“多动”导致的注意力无法集中现象，就需要系统而仔细的观察与诊断。若确诊为多动症，而不及时干预，这种症状将会延续到成年，表现为好高骛远、想入非非、无法专注于任何一项工作，参加工作后会不断跳槽，成家后可能家暴或离婚。

在这里，特别需要指出的是，父母千万别给孩子乱扣“多动症”这顶帽子。特别是0～6岁幼儿期的儿童，爱运动是内在发展需要的驱使，是儿童正常成长的条件。但是好动并不是无法集中注意力的多动。

既然好动是孩子的天性，我们就不能随便给好运动的孩子扣一个多动症的帽子。

那么，父母该如何判断孩子到底是“活泼”还是“多动”呢？

孩子的多动是否分场合。正常孩子的调皮是分场合的。比如，遇到一件自己感兴趣的教具，正常好动的孩子会安静下来去学习。再比如，上公开课，校长要来听课了，调皮的孩子知道他不能调皮了，就表现得非常乖；多动症孩子无法约束自己的行为，其好动是病理的、不分场合的。

孩子的多动是否有目的性。调皮孩子的“动”是有目的性的，因为喜欢才要做；多动症孩子的“动”是漫无目的的，如捏捏衣服、玩玩手指头等。

从生理方面来看，调皮的孩子思路敏捷动作协调，没有记忆辨别的缺陷；多动症的孩子往往存在这些方面的不足。

社会功能是否受到影响。如果社会功能受到了明显的影响，很可能是多动症。

当然，单纯从以上这几点就下定论是远远不够的，由专业医生做客观科学的评估，才是比较谨慎的态度。

★ 多动症的表现

多动症的表现因人而异，孩子的年龄不同，也会有明显的差异，主要表现为孩子的专注力、协调性、秩序感、独立性和社会性五个方面有严重的缺陷。

在学龄前，多动症孩子表现为好动不好静，喜欢蹦蹦跳跳，不停地跑来跑去，稍不留神就会摔跤，把大人的安全警告当耳旁风。这一时期孩子的注意力已经很难集中，吃饭时都需要大人按在餐桌前，大多偏食或厌食，很难合群，和小伙伴玩的时候爱发脾气、抢别人玩具等。

进入小学后，上课不能认真听讲，爱乱走动、小动作不断，下课后容易招惹同学；学习时注意力难集中，出现认知障碍和学习困难。孩子记忆力、识别能力差，在上体育课的时候，不能完成一些精细、协调运动。

多动并不是小儿多动症的唯一表现，有一些甚至表现得并不好动，这多见于女孩。她们平时并不那么活蹦乱跳，看上去相当文静；上课时也没有过多的小动作，安静地坐在自己的位置上，但课后就不知道老师讲了什么内容。

多动症和顽皮好动的区别

多动症的表现	顽皮好动的表现
兴趣爱好少，即便是在玩游戏或观看少儿电视节目的时候，也难以专心致志	对自己感兴趣的活动不但能全神贯注，还非常讨厌别人打扰
行为冲动，做事不考虑后果，且杂乱无章、有始无终。如做作业时边做边玩，粗心草率，常半途而废或频繁地转换	行为具有一定的目的性，并有计划和安排，具有较强的意志力，想要完成一件事情
自控能力差，在任何场合都是忙碌不停，胡乱吵闹，即使在上课时也会在座位上扭动或站起，严重时离开座位走动，或擅自离开教室，话多、喧闹、插嘴、惹是生非	在陌生的环境和严肃的场合中能安分守己，不敢胡闹，自我控制能力较强
肢体协调性差，动作笨拙	动作灵活自如，能做一些同龄人中难度较高的动作

约30%的患者在青春期以后症状逐渐消失，但大部分患者的症状会持续进入青春期和成年期。在这一时期，注意力缺陷、冲动性、情绪的不稳定会导致其学习能力低下，甚至会辍学。他们和父母、朋友之间的感情会有冲突，少部分会出现反社会行为、物质依赖、酒精依赖等问题。

★ 多动症的发病因素

☆ 器质性因素

器质性因素是引起孩子多动症的核心因素之一，器质性因素主要指的是孕妇在生产前、生产时和生产后因损伤而造成婴儿轻微脑损伤，如孕期患有高血压、贫血、甲状腺肥大，新生儿难产导致缺氧窒息以及早产、颅内出血等。

临床中还发现，多动症患儿中剖宫产者比例较高。剖宫产因产道的改变，使孩子在出生时神经接触等感觉被破坏，在后期成长过程中更容易患上多动症等精神疾病。

☆ 遗传因素

父母患有多动症或某些精神类疾病，对孩子多动症的形成有一定程度的影响。父母的染色体异常、器官畸形和先天性生理缺陷，也可能是遗传孩子多动症的主要原因。根据临床观察，多动症孩子的父母或者兄弟姐妹中同样患有多动症的可能性高达40%，在女性多动症患者中癔症比较多，而在男性多动症患者中，反社会人格和暴力酗酒多一点。由此可见，多动症的发生具有一定的家族性。

☆ 环境与教育因素

父母不当的教育方式会在某种程度上促成孩子多动症的形成或多动症症状的恶化。调查发现，如果父母不尊重孩子，经常干涉孩子的决定，虐待孩子，并伴有责骂甚至体罚行为，这可能会导致孩子焦虑、注意力不集中等症状。

当父母承受了过大的社会压力时经常不自觉地把自己的负面影响传递给孩子，在这种家庭教育环境中，孩子的多动症症状会愈发严重，甚至有可能衍生出更多的共存疾病，如焦虑症和忧郁症等。

☆ 玩具造成儿童的心理偏差

由于成人没有给儿童提供足够的获取成就的工作机会，取而代之的是给他们购买一些昂贵的玩具、看电视、玩游戏，让他们沉迷于此，免得麻烦或打扰自己。殊不知，如果强迫儿童长时间玩玩具或做游戏，他们就会感到痛苦，因为他们根本就不喜欢像玩具那样杂乱无章的东西。成人给儿童的所谓的“智能玩具”，绝大多数并不能满足儿童的发展需要，因为它们无法实现儿童与真实世界的有效连接。如此这般，这些玩具就会成为儿童挫败感的来源，根本无法长时间吸引他们的注意力。

☆ 其他因素

某些食品也可以诱发多动症，如调味剂、人工色素，因这些食品中缺铁，容易引起孩子出现轻度贫血症状，从而导致其注意力减弱，暴躁并且易怒。环境污染和轻度中毒也可能增加活跃行为的程度。同样，铅也是一种环境毒素。相关研究表明，如果孩子在日常生活中经常大量接触或者摄入铅也有可能造成多动症。

早发现、早治疗非常重要。以上只是一些简单的参考，诊断孩子是否有多动症，一定要带孩子去正规的专科机构或医院。诊断过程中，专业人员会使用各种评估量表进行测评，专科医生会和父母、患儿面谈，全面了解患儿的情况，判断孩子的问题。

★ 多动症的治疗

多动症的治疗手段多样，主要有药物治疗、心理治疗、社会技能训练、父母培训及学校干预等治疗方法。治疗要根据患者及家庭的特点来制订综合性治疗方案。

★ 睡眠充足有助提高专注力

多动症的孩子更需要充足的睡眠，创造良好的睡眠环境，提高睡眠质

量，有助于提高孩子的注意力与专注力。

提高儿童睡眠质量的方法

- 作息规律，确保每晚9～10小时的睡眠时间。
- 日落后避免接受强灯光照射。
- 规律地运动，但不要在傍晚或晚间进行高强度运动。
- 上床之前保持放松的心情，家长不要在临睡之前指责孩子，以免导致心理负担。
- 在睡觉前几个小时内，避免饮用含有咖啡因的饮料及吃得过饱、过油腻。
- 睡觉的时候不要看电脑、手机之类的电子产品。
- 保持卧室里的光线较暗，保持环境的安静。

★ 改善孩子的多动症的措施

☆ 积极交流，发展良好亲子关系

改善多动症需要建立良好的亲子关系，父母要学会科学地养育孩子，多观察孩子，关注孩子的精神需求，并对孩子的话有回应，表明你在聆听和关注孩子，建立良好的亲子关系是非常重要的。

现在，有的父母为了治疗孩子的多动症，东奔西跑遍访名医，看了西医又去找中医。还有的父母为了能提高孩子的成绩，报好多补习班、请家教，花费大量的时间和金钱，父母认为自己付出这么多，孩子应该能达到他们的期望。稍不如意，父母就会叹息："花了这么多钱，可孩子还是不争气！"而孩子也觉得很无辜，父母给他报了补习班让他更累了，平时作业又被父母盯到很晚，睡眠时间不够，注意力反而更难集中了，再加上周末的补习班更是没有喘息的机会。父母与其这样给自己和孩子压力，不如慢下来，倾听和了解孩子。

☆ 行为矫正

孩子的注意力有从无意注意向有意注意发展的过程，从孩子感兴趣的活动开始，如看画册、听故事，随着孩子年龄增长，可有意识地引导孩子下棋、画画等，锻炼孩子注意力的集中性、持久性。当孩子表现出某些良好行为，比以往有进步时，应该给予恰当的表扬、奖励。但是，要求孩子学习做事的时间不宜过长，以免疲劳。

☆ 心理疏导

大部分多动症孩子在做事时无法认真思考，因此，需要特殊的指导以帮助其顺利地完成某一件事情。在指导过程中教育者应多鼓励，并帮助孩子善始善终做好每一件事，坚持把每一件事做到底而不半途而废。

☆ 培养孩子的自制力

如果孩子的世界是可以预见的，他们就会做得更好，建立日常生活的规律程序和作息时间，会帮助孩子明白每天要做什么。提高孩子的认识，让他知道什么事该做，什么事不该做，帮助他逐步学会正确判断和评价自己的行为；要制订一些简单的规章制度作为行为准则，让孩子约束自己的行为，养成良好的行为习惯。

☆ 把过多的精力引导发挥出来

对于精力过多的孩子，要进行正面的引导，父母和老师可组织他们多参加户外体育运动，如跑步、打球、爬山等，使他们过多的精力释放出来，但在安排活动时，应注意安全。

矫正治疗孩子的多动症是一个长期的过程，需要耐心，切不可采用打、骂等粗暴的手段，否则不但不能达到矫治的目的，反而有可能使其加剧，损害孩子的身心健康。

延伸阅读

儿童需要有益的工作

——选自《蒙台梭利幼儿教育法》

◎ 儿童有工作的本能和需要

儿童从出生起，经历了躺、坐、爬、站立、走这样一个渐进的生理发展过程。儿童长到1岁大时，开始学会走路，他终于摆脱了不会走路的束缚，可以四处乱跑了。如果你接近他，他会跑远或躲藏起来，因为他的两条腿可以到处走动。因此，人是逐步发展的，当这些能够促使他迈向独立的能力逐一体现出来时，已经不仅仅是我们让他自由或想让他自由的问题了，他的自由与独立已经成了一个实实在在的状态，是儿童成长的必然结果。是自然给予了儿童成长的机会，是自然赋予了儿童独立的能力，是自然帮助儿童获得了自由。

可以说，从儿童艰难地迈出第一步起，才真正开启了他独立的旅程。独立过程中的儿童有工作的本能和需求，因为是工作使儿童渐趋独立。作为一名蒙台梭利教育工作者，多年的经验告诉我，多数成人都能很容易理解给予儿童自由探索的重要性，但真正愿意放手让他们去做的却少之又少。

正如蒙台梭利所言，“让婴儿自由活动的观念是容易被接受的，但真正实施起来却会碰到许多源于成人内心深处的复杂障碍。有些成人虽然愿意让孩子自由地接触与移动物品，但总会无法抵制藏于内心的冲动，结果变成了支配孩子。”

◎ 父母要支持孩子的探索

在探索环境的前期经验中，儿童努力地通过支配环境建立自己的独立能力，这要求父母必须允许孩子做必要的探索，并帮他预备适宜的环境，以便孩子能自己学着独立做事。在蒙台梭利学校里，就给孩子提供了可让他们自己操作和掌控的工作与材料，在家庭环境中，父母也必须遵守这个原则，尽早为孩子提供可以帮助他们独立做事的工作和材料，让孩子自己来照顾自己。

那么，如何实现“让孩子自己照顾自己”呢？其实，父母要做的事情很简单，就像蒙台梭利一再强调的那样，一是为儿童预备好一个适宜的环境；二是给予孩子充分的自由，不要人为地为孩子正常化的成长设置障碍。就物理环境而言，每一样物品都必须适合孩子的身材与能力，包括挂衣服的挂钩、洗漱台、挂毛巾及丢垃圾的地方、清扫用的扫帚和簸箕、坐的椅子、吃饭的桌子等，都必须适合儿童使用。他们的衣服也应该严格挑选，便于儿童自己穿脱。

蒙台梭利特别担心儿童可能会被成人过分服侍，这会影响儿童独立性的发展，对于儿童来说，这将是决定终生的。因为没有独立就不可能实现自由，独立是儿童迈向自由的第一步，所以，有益的教育活动必须能够帮助孩子在独立的道路上前进。

◎ 提供学习独立的机会

儿童总是试着学会独立，也能够学会独立，成人应该给他们这种学习独立的机会。因此，父母必须给孩子独立做事情的机会，帮助他学

会走、跑、上下楼梯，捡起掉落的东西，自己吃饭、穿脱衣服，自己洗澡，学会讲话，并清楚地表达自己所需要的东西。然而，现代的父母总是习惯性地伺候孩子，这是一种奴化，抑制孩子们从事有益的、自发的活动，是很危险的。

大自然赐予儿童进行活动的身体条件和学会如何去做的心智，就是要他们自己去做这些事情，而父母的责任就是协助儿童去从事这些有益活动而已。比如，母亲在喂养孩子时，没有给孩子亲自示范怎样拿勺子，而是直接把勺子放到孩子嘴里，这样的母亲就不是一个明智的母亲，她违反了孩子最基本的需求，伤害了孩子最基本的尊严。

任何人都知道，教一个孩子学习如何自己吃东西、洗澡和穿衣服，是一件复杂且困难的工作，需要付出比喂养孩子、给孩子洗澡和帮孩子穿衣服更大的耐心。但是，“教他们做”是教育家的工作，“替他们做”则是仆人的简单低微的工作。仆人的工作尽管对母亲而言很容易，但对孩子却很不利，因为它关闭了孩子自我学习的大门，并在孩子成长的道路上设置了障碍。

如果儿童被如此服侍与对待，不仅被剥夺了他们独立工作的权利，也导致了他们的自然能力得不到发展，还可能会使他们形成消极的性格。当有一天，儿童清醒地意识到自己的处境，想重新获得独立的时候，他将发觉自己再也没有能力独立了。父母不必要的帮助才是孩子自然发展的实际障碍，因此，蒙台梭利一再地告诫父母，这些不必要的帮助会带来危险性后果。

奴役和依赖的危险性不仅是在“浪费生命”，而且会导致人的无助感，更会使人格发展出现明显的反常，终使其成为一个懒惰或堕落的人。无助感常伴随专横跋扈的习性，这是一个没有能力而必须依赖别人帮忙的人常有心态的外在征兆。

◎ 通过工作完善自我

为自己而工作，工作是爱的表现，工作是快乐的源泉，工作能够完善自我，这不仅适用于成人，也适用于儿童。然而，当今现实生活却走向了相反的一端，就像蒙台梭利所警示的那样，我们的社会氛围趋向于越来越少的工作，这对儿童的发展是毫无益处的。对儿童而言，他的使命就是通过工作完善自我，并通过工作与世界上的一切和谐相处，服务于世界，所以他必须积极主动并充满活力地工作。

一切生命都具有活力，生命就是这种活力的最高表现形式。生命只有通过工作才能达到完美的程度，社会活动是一代一代传承下来的。人们想少工作，或想让别人为自己工作……这些违反自然规律的衰退现象，是在儿童时期形成的，出现这些衰退现象是因为在婴儿出生后的几天内，没有人帮助他们适应环境，在之后的相当长的一段时间内，成人又剥夺了他独立从事这些工作活动的机会，使儿童对这些工作活动失去了兴趣。

蒙台梭利感受到，在成人的文化中，父母尚未准备好去认识和接纳孩子工作的欲望。因此，当孩子的这种需求发生时，父母不是感到惊喜，而是拒绝孩子独立工作的请求。进而成人试图让孩子按照成人的愿望去玩耍，他们认为这才是孩子快乐的源泉。蒙台梭利却一再告诉我们，成人必须学着去认识儿童工作的本能，并积极配合他们从事这些有益的工作。

孩子自私是因为“独生子女”的缘故吗？

“融四岁，能让梨”。在物质充裕的年代里，几乎所有的爸爸妈妈们都希望自己的孩子能像孔融那样，懂得与人分享，大大方方做人。但现实往往与他们的想法相悖。

不少父母抱怨，自己家孩子绝对不准别人玩自己的东西，别人拿玩具和他交换，他也不愿意。有时候外出和其他小朋友玩耍时，孩子一直抱着“这些全是我的”的想法，将吃的、玩的统统揽在自己怀中，不给别人。

★ 了解孩子行为背后的原因

面对这些行为，父母不要责怪孩子，而应该了解孩子行为背后的原因。在孩子的成长过程中，到1岁就会表现出“自私”的特征。在自我意识形成和发展的初级阶段，他们的心理活动只从“自我”出发，接触、了解与自己关系密切的人和事，然后获取自己想要的一切东西。特别是在2～3岁，这样的表现更为明显。这个年龄段的孩子能够用“我”来称呼自己，还能够分清物我的关系，并用“我的”来表达物体与自己的归属关系，常常对属于自己的玩具、物品表现出强烈的占有欲。这一年龄段的孩子经常会用手按住自己的玩具、零食大叫：“这是我的，我的！”这种表现并不具有道德意义，不能归结为“小气”“自私”，它仅是孩子自我意识发展过程中的表现。

这种自我意识的发展若没有伴随及时的道德教育，行为逐渐形成习惯，就很容易逐步稳定，成为一种道德意义上的不良行为——自私行为。也就是说，在幼儿心理发展的早期阶段，如果缺乏正确的教育和引导，孩子很容易形成自私的问题行为。

★ 自私与多种因素有关

孩子的自私行为，与他的年龄阶段、家庭教育、生活环境、社会背景、缺乏必要的教育引导等有关。

现在，大多数孩子都是独生子女，集万千宠爱于一身。家里有什么好吃的、好玩的都先让孩子一个人享用，有什么要求父母就尽量满足。由于没有兄弟姐妹，缺乏合作、分享等集体生活的经验，容易形成以自我为中心的思想观念。

孩子自私心理的产生，也与其周围人的不良影响有很大关系。例如，有的父母或家庭成员自私自利，爱贪图小便宜，或与人共事斤斤计较，过于“小气”。还有些父母给孩子买了较贵重的玩具，就叮嘱孩子不要给别人玩。有一些父母甚至很得意自己的孩子“独占”某样东西，认为这样才不会吃亏。甚至有的父母在教育中“口是心非”，嘴里说着：“孩子要与朋友分享，不要自己吃独食！”但脸上却表现出一副扬扬得意的样子。这些行为以及心理暗示无疑会使孩子越来越不愿意分享。父母对孩子有最直接的影响，首要任务应该是为孩子树立良好的榜样，以实际行动教育和影响孩子。

解铃还须系铃人，要引导孩子学会分享，需要父母行动起来。

☆ 家庭是最好的榜样

在家庭中，父母需尽量多给孩子提供机会，使孩子的分享、谦让等品质得到锻炼，并为孩子做好积极正向的榜样。心理学实验发现，看到他人慷慨行为的孩子更倾向于模仿榜样，当把他们放到相似的环境中时，他们随后也会表现出慷慨行为。反面也同样成立：如果一个榜样举止非常自私，观察到这种行为的孩子就倾向于表现出自私行为。

榜样的力量比说教更容易被孩子接受。比如，在客人来时，妈妈把最好吃的食品和客人分享，热情地招待客人；出门坐公车时主动让位，邻居有困难时热心帮助。家庭是最好的老师，家人之间懂得分享，自然也会影响到孩子。家庭成员在日常生活中无论做什么事都要互相关心、爱护，尤其要多孝敬长辈，给孩子树立模仿的榜样，长此以往，同样的品质和行为方式就会出现在孩子身上。

当孩子表现出分享行为时，大人要及时给予正面强化和反馈，帮助他在各种情况下不断地、自觉地产生分享的动机和行为。你引导的话语、赞许的目光、微笑的面容、亲切的点头等，能使孩子受到极大的鼓舞，进一步强化分享行为，愿意更多地、自觉地分享。

☆ 不要让孩子觉得自己特殊

正确的家庭教育要有原则，而不是一味迁就和溺爱。在日常家庭生活中，尽量不给孩子特殊待遇，有原则地满足孩子合理的需求，让孩子知道自己在家庭中与其他成员是平等的，消除其“以自我为中心”的意识。

对于孩子的合理要求可以适当满足，对于不能及时满足的要让孩子学会等待，不过分迁就，即使孩子很强硬，父母也要把正确的坚持到底，温柔而坚定，不给孩子留余地。如果有一次妥协，孩子就知道下次可以通过同样的方式获得满足，所以父母要有原则、恒心、耐心及坚持到底的决心。

☆ 多与小伙伴互动

马斯洛需求层次理论将人的需求分为生理需求、保障需求、社交需求、尊重需求、自我实现需求五个层次,层次之间呈递进关系，不同时期需求动态变化。按照这一理论，我们在教育孩子的时候，也可以鼓励孩子寻找更高级的尊重需求、自我实现需求。

父母在平时的生活中，多引导孩子与其他小朋友交往，鼓励孩子将自己的玩具、图书借给小伙伴们，帮助孩子认识到自私是不受人欢迎的，只有友善和互助才能赢得大家的喜欢。鼓励孩子多参加合作性的游戏活动，让孩子在玩中感受分享的快乐，并学会控制自己不合理的情绪。在孩子得到玩具高兴时，趁机表扬他某次愿意与小朋友一起玩玩具，激发其自尊的需要；表扬他们一起搭的桥很漂亮，在游戏中暗示孩子体会归属需要的满足。当孩子形成了合理的需要结构，就可以利用高层次需要的追求去克服自私的愿望和行为。

延伸阅读

儿童的占有欲

——选自《童年的秘密》

◎ 儿童对周围事物的关注像饥饿的人在寻找食物

幼小的婴儿和正常化的儿童具有一种使用他们多种官能的自然倾向。他们不是对周围的事物漠不关心，而是深深地热爱它们，就像饥饿的人在寻找食物，为满足物质需要而渴求某种东西。比如，我们不会在已经饱了的时候说："我已经好长时间没吃东西了，如果我不吃什么，就不能保持能力，甚至活不下去。所以，我必须吃些营养品。"是的，饥饿的确是一种痛苦，它不可避免地驱使我们去寻找食物。儿童对他的环境也有类似的一种饥饿感。他们不停地寻找能满足他心灵需要的东西，他们通过工作活动得到了心灵的营养品。

让我们像新生儿一样喜欢"精神的滋养"吧。这种动力，这种对周围环境的热爱，是人与生俱来的。但是，如果说儿童充满激情地热爱他的环境，这也并不准确，因为激情是一种冲动，一转眼就可能会消失，而这种感受"充满活力的体验"的动力却是长存的。

◎ 适宜的环境能激励热情

儿童热爱周围环境的活力，驱使他不停地活动。这种能激励他的热情，就好比氧气在他体内所产生的热量。一个有活力的儿童留给人们这样的印象，他正生活在一个适宜的环境中，一个有助于自我实现的环境

中。如果儿童没有生活在这种环境中，而一直处于虚弱、乖戾和与世隔绝的状态，这种儿童会发展成一个怪人。他将是一个无法独立、缺乏智慧、令人讨厌、容易陷入怪念头和非社会化的人。

如果儿童没能在有助于他发展的活动中找到动力，那他就会彻底被“物品”所吸引，并渴望拥有它们。拿走某物并把它保存起来是很容易的，这并不需要知识和热爱。就这样，儿童的心力被转移了。当这样的儿童看到一只金表时，就会说：“我要它。”即使他还看不懂时间。这时，另一个儿童也会叫起来：“不，我要它。”他们准备为这只金表打架，即使这样做可能会把金表毁坏也在所不惜。他们就是通过这种方式相互竞争，并毁坏他们想占有的东西。

◎ “爱”与“占有欲”的对抗

实际上，所有道德上的偏离都取决于在爱和占有之间做出的第一个选择。人一旦做出了选择，就会沿着这两条路中的一条走下去。儿童的本能就像章鱼的触角一样伸展出去，抓住甚至毁坏他急不可耐想要的东西。一种占有欲使他牢牢地抓住东西，他就会像保卫自己的生命一样保卫它们。强壮的和活泼的儿童靠击败其他也想占有此物的儿童来保护自己的财产。这些儿童由于经常想要同一样东西，就会频繁地吵架，从而变得痛苦冷酷无情并总为小事争吵。之所以发生这种情况，是因为一个人的自然能量被转移了。我们不应该轻视这种争执。占有欲根源于某种内心的黑暗，而与外界的物质无关。

作为儿童道德教育的一部分，我们应该督促儿童不要把自己依附于物质上。这种教育的基础是对他人财产的尊重。但是，如果儿童已经依附于物品时，他就越过了那座把他与内心生活相隔开的桥，这就是为什么他渴望求助于外物的原因。这种欲望深深地扎根于儿童的思想中，以至于人们认为这是儿童的一种本性。

具有缄默气质的儿童也会把他们的注意力转向毫无价值的东西上，只是他们占有东西的方式不同于外向的儿童。他们不善争吵，通常不与别人对抗，他们更喜欢去积累并隐藏东西。人们认为他们是收藏家，但是这些儿童并不是为了把东西分门别类。他们收集的东西五花八门，相互之间毫无联系。人们发现，不仅智力有缺陷的成人，一些犯过罪的少年，口袋里都经常装有毫无用处的和不相称的东西，这些人对收集也有一种荒谬的癖好。个性内向和沉默的儿童同样会从事类似的活动，但他们收集东西的习惯却常被认为是完全正常的。如果有人想夺走这些东西，这些儿童就会竭尽全力去保护它们。

心理学家阿德勒，对这种收藏的偏好做了有趣的解释。他把这种情形比作成人的贪婪，这种贪婪的萌芽在婴儿时期就能发现。如果一个人依恋于许多毫无用处的东西，但又不愿意放弃它们，这将是一剂致命的毒药，会打乱他的基本平衡。父母很乐意看到孩子保存自己的财产，他们认为这是人的一种本性，是社会的一个重要因素。具有占有欲和收藏习惯的儿童是能够得到普通人的承认和理解的。

孩子沉迷网络，宜疏不宜堵

在互联网飞速发展的今天，网络已经成为人们生活中不可缺少的一部分。互联网除了极大地方便了人的工作、学习、交流外，其休闲娱乐功能也得到了越来越多的开发。各类型网络游戏的出现，极大地满足了青少年这个群体的心理需求，但青少年心智发育尚未成熟，自控能力较差，由此出现的青少年网瘾问题层出不穷。

★ 网络游戏影响儿童心智正常化发展

网瘾是一种现代的新形式的心理疾病。患者因为缺乏社会沟通和人际交流，将网络世界当作现实生活，脱离社会生活，与他人没有共同语言，从而出现孤独不安、情绪低落、思维迟钝、自我评价降低等症状，严重的甚至有自杀意念和行为。医学上把这种症状叫作“互联网成瘾综合征”。

网络中许多视频游戏包含大量的攻击行为，青少年沉迷于这种暴力游戏后，还会导致他们的攻击性显著提高，更具有社会攻击性，更轻易地做出攻击行为、欺凌行为，而且对暴力受害者遭受的伤害不敏感。纵向研究也发现，偏好暴力电视节目的8岁孩子和他们到30岁时犯罪行为的严重程度有关。

网络游戏对大脑的损伤也不容忽视。0～6岁儿童玩电子游戏，将严重影响其心智的正常化发展，青春期前的孩子使用科技产品和玩电子游戏越多，越有可能抑郁。

无论是孩子还是成年人，一旦卷入网络游戏的“泥潭”，都会导致睡眠的损失，特别是睡前玩手机，会抑制体内褪黑素的释放，进而导致失眠或者深睡眠不足，而睡眠对大脑中巩固那些重要的记忆和知识，以及删除那些不重要的信息至关重要。

研究人员对不同状态下的人的脑部扫描显示，人在上网的时候脑部活动比读书时更多。人在使用每一种科技的时候都需要大脑的参与，当人们选择多种科技产品进行复杂的任务时，大脑参与也会更多，甚至接近于最活跃的神经活动。那么，一旦这些活动停止后会怎么样呢？有研究表明，玩电脑游戏在结束游戏后的一段时间内，来自游戏的刺激，仍会对大脑带来后续的神经作用。

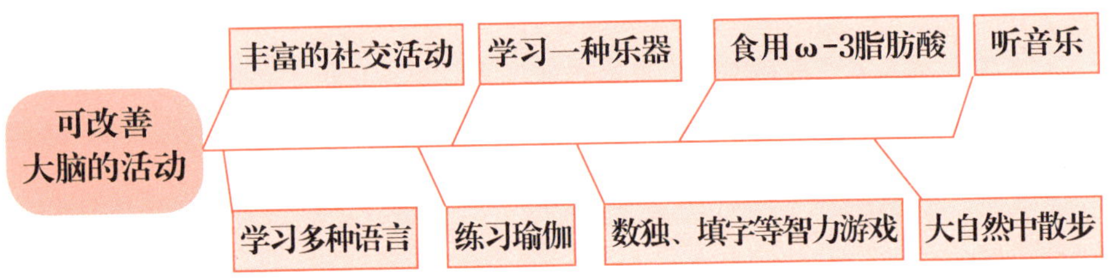

★ 孩子沉迷网络呈低龄化趋势

近年来，青少年沉迷网络已经成为一个令各方棘手的社会难题，很多父母往往“谈之色变”，异常焦虑。于是，各地纷纷出现了“急人所难”的戒网瘾学校。然而这类游走在法律边缘的机构常被爆出使用诸多令人不寒而栗的手段，个别学校甚至非法拘禁、暴力体罚致人死伤，造成十分恶劣的影响。

2017 年，安徽阜阳的刘女士将 18 岁的儿子送进了戒网瘾学校。仅过了两天，刘女士接到校方打来的电话：“孩子出事了。”等她赶到时，孩子的尸体已经被停放在了殡仪馆里，体表有伤。警察调查发现，死者生前“被戴手铐关禁闭”。

早在 2014 年，19 岁的女孩玲玲因为厌学而被父母送至戒网瘾学校接受矫治，在学校所谓“培训”期间，玲玲在一次两个多小时的“加训”过程中倒地，再也没有站起来……

孩子沉迷网络出现明显的低龄化趋势。根据广东省少年儿童网络素养状况调研报告显示，广东省超过23%的学龄前孩子（3～6岁）每天使用网络的时间在30分钟以上，5岁时使用网络时间超过30分钟的孩子达到31.9%。8.5%的7岁孩子进行过网购，14.4%的7岁孩子在网上发布图片、视频或文字，一些孩子3岁就开始使用QQ和微信，10岁时QQ接触率达到52.9%。

★ 网瘾产生的原因

青少年网瘾的形成很大程度由于孩子接触的世界太狭窄，父母给予的认可和接纳不够，孩子因此选择网络并对其过度依赖。比如，很多父母沉溺于自己的世界，没有给孩子适度的关爱，或者一味紧盯孩子的功课，以成绩论成败，而忽视了对孩子心理的指导和安慰，这都会使孩子的现实感不足，于是逃避现实，虚拟的网络就成了最好的去处。

成瘾行为与低自尊有关。当一个人的自尊比较低时，就会希望通过科技产品在玩游戏的过程中获得奖励（比如游戏中的高分）。而一旦网络成瘾，又会导致一个人的低自尊。

此外，网络的奖赏性特征、上网带来的愉悦以及网络的匿名性也能帮助人们减少痛苦以及工作或生活带来的压力。

有研究表明，控制型、忽视型、溺爱型、严厉型家庭教育模式下的青少年，更容易染上网瘾。在控制型家庭，父母主导孩子的一切，孩子的学习、生活都要听父母的指挥，这易导致孩子产生敌对情绪；在不管不问的忽视型家庭中，大人的冷漠，也会使孩子的性格变得孤僻、敏感、多疑、缺少同情心；溺爱型家庭的孩子完全以孩子为中心，这容易导致孩子不顾及他人感受、好逸恶劳；严厉型家庭的孩子，不善于与父母情感交流，情绪极度压抑。

★ 如何让孩子摆脱网瘾

孩子迷恋网络一方面是因为自身的心理问题，另一方面也是家庭教育的不当或缺位所致。为了戒除网瘾，有的父母不惜重金将孩子送到戒除网瘾的学校，表面上看是为了孩子好，实际是在推卸家庭教育的责任或是寻求自我的心理安慰，更是错上加错，这不仅无益于网瘾的戒除，还可能让孩子产生更强烈的遗弃感，加剧孩子的逆反心理。

一些发达国家的经验表明，预防和戒除网瘾最好的办法是家庭教育和生活教育。既然使用网络已经成为孩子生活不可分割的一部分，在对待青少年网瘾问题上，宜疏不宜堵，父母不能妄图用蒙住孩子的双眼，束缚孩子的双手的方法解决问题，因为这样更容易激发孩子的逆反心理。相反，应该适当地帮助孩子宣泄不稳定的情绪和满足他们的心理需求，尝试用平等的态度对待孩子，对他们的前卫、极端想法表示宽容与理解，让他们在家庭的温暖中感觉到爱与自信，感受亲情，获得认同感，使他们渐渐脱离网络的束缚。

此外，父母可尝试以下办法让孩子摆脱网瘾：

☆ 多关心孩子

亲子关系不佳的孩子更容易沉迷网络，因为他们在现实生活里“不得志”，就会选择其他的情感寄托，而游戏正好充当了这一角色。因此，要想让孩子摆脱网瘾，父母就要关注孩子的成长，并根据孩子成长的不同阶段，给予适当的关爱。

☆ 不要溺爱孩子

爱不等于无条件的溺爱，大人的溺爱会导致孩子缺乏动手能力，不爱思考，因为生活中基本不用操心任何事，父母替他解决了所有问题。长期溺爱孩子的结果是，孩子无法独立处理问题，性格晚熟，人际关系糟糕，这种情况下更容易沉溺于网络。

☆ 控制上网时间

现在，人们的日常生活工作已经很难离开网络，如果完全禁止孩子触碰电脑或手机，也不现实。但孩子的自制力差，自己很难控制上网的时间和次数，这就需要父母的监督与引导。比如规定每天只能玩一次，每次不超过30分钟。也可以采取“共同参与”的做法，和孩子一起参与游戏。绝对不要让孩子一个人静静地在卧室玩电脑或手机。

☆ 分散孩子的注意力

多鼓励孩子做一些他们力所能及的事情，比如做一些家务或者简单的手工等。培养孩子的兴趣爱好，多让他们接触一些有趣的事物，这样他们就不会只对网络有兴趣了。

☆ 全家吃饭前后禁用手机

研究发现，每周至少三次能在一起用餐的家庭，孩子的成长会更健康，家庭教育功能发挥得更好。全家人一起用餐的时候，大家可以心平气和地讨论一些问题，甚至包括孩子的教育等。家庭用餐时间最好不要超过45分钟，这一时间是孩子比较长的注意力持续时间，如果用餐时间过长，会导致孩子的反感情绪。切忌在餐桌上唠叨孩子，也不要总是看手机，给孩子不好的示范。

☆ 体育运动干预

体育运动向青少年灌输乐观主义精神，培养青少年健康勇敢、敢为人先的竞争意识，还要求遵守规则和技术要求，摒除谎言和虚伪，能够完善青少年的人格和言行，重建网瘾少年家庭成员相互尊重、平等、诚实相待、和谐的人际关系。

体育运动中，要求团结一致，密切合作，有助于青少年团队精神的培养。经常参加体育运动可以从时间、空间和生理三个方面避免网瘾的形成，特别是对于性格内向的孩子，体育运动带来的身心锻炼可以很好地抵御电脑和网络的诱惑，由运动产生的快乐情绪也可以帮助网络沉迷者逐渐走出阴影，重新拥抱健康。

☆ 教育孩子用批判的眼光看待暴力

对于喜欢玩暴力游戏的孩子，父母要明确地教导孩子用怀疑和批判的眼光看待暴力，教导他们暴力不是真实世界的表征，不要模仿游戏中的暴力行为。这样有助于孩子从不同视角来看待暴力游戏，减少游戏的负面影响。

家里有个“窝里横”

7 岁的浩浩是出了名的“窝里横”：在家里蛮横得厉害，常常对大人颐指气使、大呼小叫，稍微不顺意，就折腾得全家不安；可一到外面他就“蔫儿”了，害羞、不敢说话，甚至被别的孩子欺负了都不敢吱声。一心想将儿子培养成堂堂“男子汉”浩浩爸爸，实在是觉得没有面子。为此，浩浩的爸爸给孩子报了跆拳道班，每周训练两次，每次一个小时，希望孩子通过练习跆拳道增加点“阳刚”之气。

★ 在家是“小老虎”，出门变“小白兔”

在家威猛如“老虎”，在外面是乖巧的“小白兔”，这类“窝里横”的孩子并不鲜见。孩子在比较亲近的人面前性格乖张，在外害羞，是因为他们内心的脆弱，而家庭教育对此负有不可推卸的责任。

孩子性格的发展受到很多因素的影响，包括遗传基因、身体健康程度、个人经历等。与父母的关系以及家庭的教养方式是孩子童年经历的重要组成部分，会直接影响孩子尚未成型的性格。一般来说，孩子“两面派”的个性与家庭教育有很大关系。因为父母的管教态度和方法是孩子性格行为的最大指向标，所以想要对孩子进行“改造”，首先得从父母的自省和反思开始。

成都武侯祠诸葛亮殿有一副楹联，联曰：能攻心则反侧自消，从古知兵非好战；不审势即宽严皆误，后来治蜀要深思。这副对联流传甚广，其重点在“不审势即宽严皆误”这句。确实，当丞相治理天下如此，教育孩子亦如是。

★ 溺爱让孩子以自我为中心

如果在家里对孩子百依百顺，溺爱有加，一家人围着孩子转，孩子就会养成以自我为中心的习惯，认为别人就应该以他的需要为中心，无条件满足他，因此对家人呼来喝去，是理所当然的事情。还有的孩子在父母面前乖巧听

话，在爷爷奶奶、外公外婆等隔代长辈面前却表现得蛮横无理，部分原因也是老人溺爱孩子。

对于这类孩子，矫正方式是在家里要确定规则，让孩子明白，能做什么，不能做什么。对于孩子的需求要有选择地满足，不能他想要什么就给买什么。孩子一哭闹，大人就即刻满足了他的要求，这会让他以为哭闹的方式最有效，鼓励了他继续用这种方式。如果和老人在一起，则要尽量保持所有养育者态度的一致性。通过这种方式，让孩子懂得自己的行为边界，就会减少无理取闹。

★ 控制型家庭容易出现心理偏差

与溺爱相反的控制型的家庭教育模式下的孩子，也容易出现心理偏差。如果对孩子的要求过于严格，而且不予通融，孩子心里逐渐积累了很多的“不愿意”，却无法正常表达，就只好用大发脾气来反抗。在这种情况下，一味地责怪孩子“发脾气不对”是没有用的，因为这是他唯一的或者认为最有效的行为方式。想要改变这种情况，父母就要教给孩子表达情绪的方法，鼓励他用语言说明自己的需要、描述自己的感受。但是，有的父母太过“贴心”，还没等孩子开口就已经猜到并做到他想要的了，这也会剥夺孩子发展表达能力的机会。所以，大人要耐心一点儿，先示范给孩子看，然后等待他自己表达出来。

父母要让孩子的各种情绪和需求以正确的方式表达出来，鼓励孩子诉说自己的需求和情绪，给孩子足够的尊重，静下心来倾听孩子的想法和意见，耐心地听孩子倾诉他内心的焦虑和烦恼，了解孩子行为背后的原因。找到原因后再对症下药，给予孩子适当的引导，启发孩子在自己身上寻找改变的方法和力量。

★ 经常宅在家容易导致“窝里横”

孩子社交活动少，经常宅在家，也会导致不懂如何融入环境而产生畏惧心理，从而出现行为偏差。因此，孩子在外面表现软弱，与陌生人接触少或交流缺失有关。有的父母比较宅，喜欢把孩子圈在家里，孩子习惯了在家里被照顾、被宠爱的状态，到了陌生的环境就会变得无所适从。

一些小朋友常年不下楼，突然出来玩，只会远远地站在旁边，不敢和小朋友们打招呼，但是，他们又很想引起其他人的注意，于是通过大声地呵斥父母，和家人打打闹闹来引起别人的注意。

孩子“窝里横”，是因为没有学会和别人打交道的本领。父母一味地责备孩子“怎么不去和别人玩啊”“人家都那么欺负你，你怎么也不还手啊”是没用的，因为他根本就不知道该怎么做。想要改变这种情况，需要有意识逐步地教给他一些方法，比如，跟别的小朋友同时想要一件玩具时怎么办？被别的小朋友欺负时怎么办？如果别的小朋友提出的要求自己不愿意怎么办……很重要的是，父母需要平时在家里就创造一种平等相处的人际关系，鼓励积极的、友善的表达方式。这不仅有利于养成孩子里外一致的行为方式，而且家是最安全的地方，让孩子把家作为人际关系的演练场，等到学会了与人交往的本领，孩子就会更加自信，出门也不会再胆怯、退缩了。

★ 自理能力和动手能力比较差

通常“窝里横”的孩子自理能力和动手能力都比较差，这往往是由于父母代劳比较多，孩子锻炼的机会自然就少了。这样的孩子掌握技能和知识的速度也比较慢，学习和未来发展受到不利影响。因此，父母要改变溺爱和保护的教养方式，对于孩子力所能及的事情，放手让孩子自己尝试着做。孩子有了进步，及时给予肯定，有助于提升孩子的自信心。

父母言传身教很重要，有的父母与自己的父母生活在一起，自己稍有不顺心，就把老人当出气筒，大吼大叫，这样也容易“传染”给孩子。因此，要想自己的下一代不“窝里横”，做父母的也要以身作则，对家里的老人毕恭毕敬，对另一半体贴有加，即使夫妻之间有矛盾，也尽量通过沟通的方式化解，而不是动不动就歇斯底里地吵架。要让孩子感觉到，我们要把最有爱的一面给自己最在乎的人，而不是把最坏的脾气留给最亲密的人。

延伸阅读

如何给儿童提供足够的活动

——选自《蒙台梭利幼儿教育法》

如果儿童的活动没有任何目的，也就是说他的内心没有明确的方向，就很容易感到厌烦。如果让他们去做“没有目的的动作”时，他们就会感到可怕的心虚。成人与其给儿童提供无意义的玩具和游戏，还不如在儿童的环境中给他提供足够的活动，以帮助他心智的正常发展。

解决这个对立问题的办法，是给孩子准备一个更高层次的表现环境。当孩子第一次说话时，并不需要做任何准备，对家庭成员来讲，这第一句话饱受欢迎。然而，孩子的小手所要做的工作，则需要适当的对象作为活动的材料。

那么，成人如何去为儿童准备这些活动材料呢？实际上，从被儿童丢弃的玩具中，很容易就可以找到一些线索。为什么儿童会拒绝这些玩具？根据蒙台梭利的解释，是因为它们无法使儿童接触到真实的生活。由于儿童的本能就是要创建自我以适应环境，这就驱使儿童想去感知成人的世界。所以，儿童渴望真实的东西和有意义的活动，为自己将来进入成人的世界做准备，比如清洗桌椅、扫地、摆放或收拾桌子、擦皮鞋、擦镜子等简单的工作。如果成人所提供的环境真的是这样预备的，儿童的反应必定会告诉父母，他正在走一条正确的成长之路，而这不正是为人父母所期盼的吗？

儿童不会留意那些不在他日常生活中的东西，因为他的工作是使自己融入他周围的成人世界。当我们准备的工作适合他的身材，他可以像成人一样去自由使用时，他的整个性格便开始改变，变得平静而满足。其实，让儿童平静，本身就是对儿童的精神、情感和意志的一个宁静状态的锻炼过程，就像中国古语所道——“静则神藏，宁静而致远”。

儿童的教育是通过工作而间接地实现的，因此，语言的引导通常对他没有多少帮助，而且成人说得太多，只会分散他的注意力。不管我们说多或说少，都将一无所获，因为儿童心理的认知特征决定他不能直接吸收，只能间接地吸收。

父母尽可能让孩子参与到生活中。即使是一个1岁半的孩子，也可以把汤匙放在洗碗池或洗碗机里，可以整理柜子、给家具除尘、折叠洗碗布、帮助喂动物或在花园里挖土等。

在家里为孩子创设一些工作或活动，这对于初为父母的成人来说，可能会面临不小的挑战。因此，我建议父母最好先去参观一所标准的蒙台梭利幼儿园或一个蒙台梭利教室，感受一下真实的蒙台梭利教育环境，学习一些这方面的专业知识与建设性经验，这样会大大提升父母科学育儿的能力。

6

学霸是如何养成的

100分和不及格，孩子到底差在哪里

笑笑今年三年级了，自从上一年级开始，每当快要期末考试的时候，就是全家的焦虑日。因为每到这个时候，班主任老师都会做一些测试卷，并将当天的成绩公布在父母微信群里，成绩差的学生每天都会公布学号，要求父母督促练习。几乎隔三岔五，笑笑总会被老师点名，自然是因为考试成绩差。因此，笑笑父母的情绪也会随着孩子的成绩起伏。为了提高笑笑的成绩，父母每晚轮流上阵，语文、数学、英语辅导教材买了一大堆，逼着孩子做，但效果却不理想。

★ 习惯关系命运

孩子从幼儿园到小学不只是空间的变化，学习的内容也翻天覆地。从进入一年级开始，他们就从幼儿园以玩为主的生活转变为以培养严格的作息时间、学习新知识为目标，不但开始有家庭作业，还要面对不定期的班级评比、成绩考核等。

在这一关键时期，很多父母依靠的是自己当年的经历，并没有帮助孩子更好地适应新生活，在学习上形成自信和好习惯，而是抱着赌一把的心态，被动地等待谜底揭晓：看自己的孩子到底是“学霸”还是“学渣”。更有父母不顾孩子的实际情况，只是单纯地要求孩子门门考100分。

“3岁看大，7岁知老”，这句古话其实已经告诉我们谜底了。心理学大师威廉·詹姆斯（William James，1842—1910）曾经说过一句流传很广的话：“播下一个行动，你将收获一种习惯；播下一种习惯，你将收获一种性格；播下一种性格，你将收获一种命运。”习惯一旦形成，就对人的一生产生影响。好习惯不但能决定我们的性格，更能改变我们的命运。0~6岁正是孩子个性的形成期，独立、秩序、精细、专注、自律、自信等优良品质都是在这一时期形成的。

同样，在小学阶段，培养孩子的良好习惯比成绩更重要。这一时期，

孩子的个体差异很大，有的人起点高，有的人起点低。起点高的原因有两方面，要么是接受过高强度的集中训练，比如，在外面报辅导班或者在幼儿园提前学习过小学的课程；还有一种是父母平时注重教育渗透，比如带孩子参观博物馆、培养孩子阅读兴趣等。起点高的孩子一般有两种发展可能性：一是后期会慢慢落下去，二是因为保有学习兴趣，始终有一个好成绩。也有一些起点不高的孩子，在三四年级的时候成绩突飞猛进。

★ 正确看待孩子的成绩

对于成绩，父母要保持正确的态度：成绩本身并不重要，但是试卷反映出来的学习薄弱环节很重要。既然考试是对阶段性学习的总结，与其关注孩子每一次考试的结果和分数，倒不如重点关注孩子在考试中反映出来的学习问题以及孩子对待学习和考试的态度。

如果孩子平时学习很认真，上课认真听讲、回家认真完成作业，并且把每一次考试都当作检验自己的机会，那么，无论孩子考了多少分，我们都要无条件地接纳孩子，帮助孩子一起分析和总结，教给孩子一些学习和考试的方法技巧。当然，如果孩子因为学习态度不好导致考试成绩不理想，那我们首先要想方设法激发孩子的学习兴趣、转变孩子的学习态度，让他认真对待每一节课、每一次考试。

比如，孩子某次语文考试不及格，情绪很低落。对此，父母应该给予正面的开导："孩子，你能学好语文，你以前的语文成绩一直就很好啊！""偶尔几次没考好是正常的，只要你努力坚持，增加阅读量，一定能考好。"……孩子听到父母的这种安慰，自信心也会有所恢复，由悲观变乐观，开始走向正确的方向。与不自信的孩子相比，那些自信心强且相信自己学习能力的孩子，更有可能通过努力学习而取得好成绩。

如果父母急功近利，只盯着孩子的分数，逼得孩子失去了探究知识的好奇心和求知动力，处于被动学习的态势，那么"优秀成绩"注定是昙花一现。

在日常生活中，我们也经常能听到很多父母的感叹：我的孩子在小学的时候都是三好学生，成绩没下过95分，为什么上了中学就突然倒退，并出现厌学现象？原因当然有很多种，一部分孩子是因为从小没有养成良好的学习习惯，学习的内在兴趣没有被激发，其结果，一是破坏了学习兴趣，二是低下的学习动机束缚限制了孩子的视野和向上攀登的能力，让向上的空间越来越窄。

★ 影响孩子智力发展的因素

美国心理学家路易斯·瑟斯顿（Louis Leon Thurstone，1887—1955）曾提出，智力表现在七个方面，包括语言理解、推理、理解速度、数理能力、用词流畅、辅助记忆和空间感觉。之后，又有心理学家将感觉统合、人际关系智能、乐感以及自然探索能力加了进去。

以前人们一直以为，孩子的智力是由父母决定的，父母的智力高，孩子的智力也就高；父母智力低，孩子也会比较笨。事实是，智力平庸的父母也可能生出聪明的孩子，而智力高的夫妻也可能生出智力障碍孩子。

智力有天生因素，但天生的基因因素占不到25%。比如，两个同卵双胞胎，他们的智力表现中，仅有25%是在生出来的时候决定的，其余都是后天培养的。也就是说，如果某人在某项智能有很强的基因，但后天环境很差，从没得到培养锻炼，那么，等有一天突然用到这项智能，他也不会表现得好。

早在我国宋代，文学家王安石（1021—1086）就发现了这个特点。在王安石的散文《伤仲永》中，讲述了一个名叫“方仲永”的神童，5岁时即能写出优美的诗句，但因后来父亲把他当作“摇钱树”，不让他学习，最终沦落为一个普通人。文章借仲永为例，告诫人们决不可单纯依靠天资而不去学习新知识，必须注重后天的教育和学习，强调了后天教育和学习对成才的重要性。

后天诸如营养提供、早期父母的影响、孩子的自控能力、身体素质、幼儿园及小学的教学质量等，对孩子的智力发展至关重要。特别是身体健康和教育资源的影响最为明显。孕期健康状况不好，出生时体重低，造成婴儿大脑发育不良，会影响孩子日后的心理能力的发展。出生后，如果没有充足的营养，比如孩子饿着肚子去上学，也会导致上课无法集中精力学习。

高分孩子的父母往往为孩子营造良好的学习环境，提供学习和阅读的场所，保证孩子按时就餐、睡眠和作业，控制他们看电视的时间，监督他们利用课余时间，通过与孩子谈论校园轶事、参加学校活动等形式积极关注孩子

的生活。

达尔文（Charles Robert Darwin，1809—1892）说："我一直认为，除了智力障碍，人在智力上差别不大，不同的只是热情和努力。"对于小学低年级的学生来说，习惯比成绩更重要。比如，上课认真听讲，大胆发言，按时、按要求完成作业；勇于探索求知，热爱阅读等习惯。父母引导孩子要面对知识本身而不是完美的考试分数，孩子在学习上的潜力才会慢慢发挥出来。与成人不同，低年级的孩子心智尚不成熟，面对困难不会愈挫愈勇，他们更需要的是通过体验成功来提升自己的自信心。而成功的体验不是门门都取得100分，而是通过自身努力，最终解决问题后的成就感。

虽然现在提倡为学生"减负"，但适当的家庭作业有助于成绩的提高。孩子在家里完成家庭作业，不仅是对学校知识的巩固过程，也是培养自主性、独立思考、探索学习方法的过程。特别是低龄阶段的孩子，完成家庭作业是非常必要的。

在给孩子辅导家庭作业的时候，父母不要"喧宾夺主"，直接给孩子答案，关键是要教会孩子如何学习。如果发现孩子有困惑或者跟自己的思路有很大的冲突，父母要及时和老师沟通，调整方法，用正确的方式引导孩子独立学习，并在孩子养成好的学习习惯之后，和孩子一起制订严格的作业时间表，有效控制孩子的作业时间。长时间坚持，孩子会形成自律的习惯。

★ 不要和别人攀比分数

有的父母喜欢"攀比分数"，在日常生活中我们会经常听到这样的对话："小明的英语考了100分，比你强多了！""小林比你晚出生3个月，可人家的数学考了满分，你怎么就这么笨？"父母这么说的本意可能是想让孩子有一个比较或学习的对象，能够更努力、更上进，但孩子不一定这么想。当父母经常拿他们和别人比较的时候，他们会认为自己比别人差，不管怎么努力都追不上别人。

每一个孩子都是独一无二的，为了让孩子进步，比较是有必要的，但不和别人比，而是要拿孩子的现在和过去比，要看到孩子自身的进步。"你的作业写得比昨天整齐多了！""你的数学正确率提高了不少。""你的英语单词背诵得比上次熟练。”这样一点一滴的比较，会让孩子看到自己的进步，提高自信心，养成自强不息的态度。

★ 良好的亲子关系有助于提高成绩

良好的亲子关系有助于孩子成绩的提高。在家庭中，父母亲人之间保持牢固的情感纽带，会让孩子更有安全感，乐于学习、探索，学会应对生活中的挫折。当孩子感觉与父母关系密切时，其大脑神经通道就能保持畅通，从而养成良好的感知、记忆和思考能力。

延伸阅读

儿童智力的发展

——选自《蒙台梭利幼儿教育法》

智力发展的自然定律，是了解生命本质的关键。智力的发展揭开儿童成长的秘密，这也是“一把开始推动教育所不可或缺的钥匙，教育必须让儿童的机体处于自由的运动之中”。智力的定义为各种映像、联想或再创造行为的总和，它能促使心智的自我构建，并将之与环境相联系。

◎ 人出生后首先是开发智力

人类发展最重要的是精神方面的发展，因为人类的各项活动必须通过精神的指导和控制来进行。拥有智慧是人与动物的最大区别，所以智力的形成应该是发展第一要素。

婴儿出生之后，他的器官成长还远远没有完成，骨骼也没有完全硬化，运动神经也没有被髓磷脂所覆盖，无法传递大脑发出的指令。因此，婴儿的身体还反应迟钝，仅仅是具有了一个雏形而已。蒙台梭利认为：“人在出生后，首先是开发智力，然后其他各器官的发育和行为模式以此为基础进行，所以，没有什么比婴儿出生后第一年更加重要了。智力的开发也是人类发展的主要特征。”

智力发展始于儿童意识到环境中的差异，并通过自己的感官从周围环境中获得丰富的知觉，然后在大脑中加以组织与整理，成为一个有序的系统，最终使自己成为有别于其他动物的智慧人。所谓智慧就是一种辨别事物微小差异的能力，儿童需要借由环境中的经验构建对精确与秩序的内在认知，为构建抽象思维做间接的预备。

假如儿童所接触的是一个富有刺激或不停变化的环境，就容易造成他脑海中印象的混乱，因此，让儿童接触这样的环境是毫无益处的。成人帮助儿童智力的发展，就是帮助他们把脑海中的印象整理出秩序。儿童内在发展所表现出来的第一个征兆，就是对刺激的快速反应，其次就是这种反应会呈现出的秩序性。因此，儿童对周围环境中物体的摆放是否有序以及位置是否恰当都非常敏感。

◎ 早期的智力开发

智力发展的第一个特征与时间有关，其外部表现形式就是，快速地对刺激物做出反应、联想敏捷、判断迅速。这种“快”肯定与接受外部环境影响的能力、精确描绘画面的能力以及表达内心思想的能力有关。这是儿童通过自发的练习而逐步建立起来的机能——一个接一个地进行演绎与判断，养成自由展示这些能力的习惯。在智力活动过程中，重复动作不仅使动作更加完善，而且变得更加熟练，动作完成也更加迅速。

儿童的自我教育过程开始后，表现出的第一个特征就是他们的反应变得更有准备、更迅速。昔日从眼下溜过而没被注意或只是引起一点点兴趣的感官刺激物，今天却被强烈地感知到了。孩子们很容易就能发现事物之间的关系，因此他们在应用这些事物时，能及时发现错误、迅速地做出判断，然后及时纠正。通过感觉练习，儿童完成了这种原始而基本的智力训练，它唤醒了中枢神经机能，并使这种机能处于运动之中。

儿童做出的快速反应与他们内心建立起来的秩序有关。人们对所熟悉的工作进行有组织、有条理、层次分明的重新组织，精确地说明了智力的形成过程。因此，秩序才是迅速做出反应的真正关键，智力在秩序中得到发展。一切事物中，无论是社会方面还是别的方面，正是组织和秩序使得思维过程迅速敏捷成为可能。

◎ 感觉练习培养有秩序的头脑

蒙台梭利认为："3岁大儿童的大脑里一片混乱。他就像一个收藏了大量书籍的人，把所有的书都胡乱地堆在一起，没有条理，这时他便会问：'我该怎么办呢？'他什么时候才能把这些书码放整齐，能够说出'我拥有一座图书馆'这样的话呢？"

蒙台梭利感觉练习能够帮助儿童学会区分和分类，这对儿童秩序的建立非常重要。首先，它能使儿童通过大量比较和分析练习确定两种刺激物的特征。接着，当这些练习将儿童的注意力引向一系列外部事物时，如光明与黑暗、长和短，儿童就明白了事物之间的差异。最后，他开始区分不同特征的程度等级，给不同的事物进行排序。这样，世界对儿童来说就不再混乱了，他们的思维也有点像图书馆里井井有条的架子，所有的东西都各有归类，各就各位。他们学到的知识不再是仅仅被储藏起来，而是被恰当地归类。这种基本的顺序永远不会混乱，只会用新鲜的材料加以丰富。

一个有条不紊的头脑，比一个知识像堆垃圾一样堆积其中的大脑，获得的东西更多。在这样的大脑中，如同在房间里一样，实物分门别类，协调安排，用途分明。就这样，儿童在获得了区分事物的能力之后，便奠定了智力的基础，便认识了周围的事物。

智力通过对注意到的事物的具体分析，加上自己内心的意志，对事物的主要特征进行抽象和意象的联想，并将这些意象置于意识的前缘，它会抛弃大量使其前后关系含糊不清的因素，每一个健全的大脑都能去粗取精，丢弃多余的东西，使之获得独特、清晰、敏感和重要的能动性。智力能抽象出对创造性有用的东西，并在浩瀚的宇宙中找到挽救错误的方法。如果没有这种特有的活动，智力也就不能成为智力。它就会像漂浮不定的注意力，从一个东西转移到另一个东西上，永远不能固定，就像一个永远不能确定某一行动的意志一样。

◎ 智力发展的核心因素

实际上，人类智慧的关键点，就是凭借精确的观察进行简单合理的推理，因此，“精确、观察、简单、联想”就成为智力发展的核心因素了。大自然的规律和事物就是那么简单，只是大多数情况下，被我们自己人为复杂化了。牛顿的万有引力故事就是如此简单，一天，当他躺在苹果树下时，一个苹果掉了下来，他就开始思考：“苹果为什么会往下掉？”这就是物体重力理论的起源，最终导致万有引力定律的发现。

就智力本身而言，它要做的工作不是非常重要，但这项工作被清楚地做了界定，被剥夺了复杂。简单是发现的方向，简单如同真理，这一点毋庸置疑。虽然一定细小，但是把细小结合起来就会非常强大，其他的都是不具价值的。反过来，如果不具价值的东西越多，即大脑活动的阻力越多，那么就会有越多的智慧之光被浪费，力量会被分散。大脑不仅不能进行推理活动，甚至连事实都看不清。

所以说，天才般的脑力劳动并非遥不可及。天才能把事实与主观意识相分离，并且能把事实与其他因素分开，就如同在一个黑暗的房间里，有一束光照射在一颗宝石上。这一个思想的火花可以产生思想的革命，能够给人类提供无比伟大和宝贵的财富。

我们要培养儿童的谦虚、简单、独立的品质，拥有尊重事实的信念，让智慧之光照亮儿童的心灵。如果一个人没有信念，那么，他的想法就不可能成功地成为有意识的思想。让儿童学会思考与选择，拥有信念与自由，习得一种思维方式才是智力教育的目标。

※ 正面夸赞的作用 ※

心理学家威廉·詹姆斯说过，人性最深切的渴望就是获得他人的赞赏，这是人类有别于动物的地方。对于孩子来说，因为年龄小、心理幼稚，他们内心最旺盛的需求和最本质的期盼就是得到其他人的赞赏，特别是来自爸爸妈妈的鼓励。一个人要是在童年时代很少被人称赞，可能会影响到他今后的发展，甚至导致一生的个性缺陷。

希腊神话中的皮格马利翁效应揭示出的道理就是，如果能对一个人传递积极的期望，就会使他进步得更快，发展得更好。反之，向一个人长期传递消极的期望则会使人自暴自弃、放弃努力。

皮格马利翁效应来源于一个古希腊神话：塞浦路斯的国王皮格马利翁性情孤僻，常年独居。他善于雕刻，孤寂中用象牙雕刻了一座表现了他理想中的女性的美女像。结果，他深深爱上了这个“少女”，真诚地期望自己的爱能被“少女”接受。于是，他带着丰盛的祭品来到女神阿佛洛狄忒的神殿求助，他祈求女神能赐予雕像生命。他的真诚期望感动了女神，真的让美女雕像变活了。皮格马利翁最终娶她为妻。

在这个神话的基础上，美国著名心理学家罗森塔尔和雅各布森进行了一项有趣的研究。他们先找到了一所小学，对某个班的学生成绩发展进行预测，并把他们认为有发展潜力的学生名单，用赞赏的口吻通知学校的校长和有关教师，并再三叮嘱对名单保密。实际上，这是从学生的名单中随机抽取出来的。

有趣的是，在8个月以后，在学年末的测试中，这些学生的学习成绩的确比其他学生高出很多，而且情感、性格更为开朗，求知欲望强，敢于发表意见，与教师关系也特别融洽。研究者认为，这就是由于教师期望的影响。由于教师认为这个学生是天才，因而寄予他更大的期望，在上课时给予他更多的关注，通过各种方式向他传达“你很优秀”的信息，学生感受到教师的关注，因而产生一种激励作用，学习时加倍努力，因而取得了好成绩。这种现象说明教师的期待不同，对孩子施加影响的方法也不同，孩子受到的影响也不同。借用希腊神话中出现的主人公的名字，罗森塔尔把它命名为皮格马利翁效应。

皮格玛利翁效应给人的启迪是：赞美、信任和期待具有一种能量，它能改变人的行为，当一个人获得他人的信任、赞美时，他便感觉获得了社会支持，从而增强了自我价值，变得自信、自尊，获得一种积极向上的动力，并尽力达到对方的期待，以避免对方失望，从而维持这种社会支持的连续性。因此，皮格玛利翁效应又称为“期待效应”。它表明：每一个人都有可能成功，但是能不能成功，取决于周围的人能不能像对待成功人士那样爱他、期望他、教育他。

兴趣班与快乐成长如何二者兼顾

周六早晨，大多数小朋友可以睡个懒觉，但一年级的笑笑还是得按时起床，因为整个周六一天她的时间全部被课外班挤满：早晨 8 点半要赶到少年宫学习舞蹈，10 点结束后，要赶到 2 公里以外的地方学英语一个半小时；中午在附近匆匆吃完饭后，下午 1 点还要开始学习奥数一个半小时，到了晚上 6 点半，还要上一个半小时的围棋课。

在很多城市，类似笑笑这样周末如赶场一般上课外班或兴趣班的孩子不在少数。据国家统计局西安调查队对西安市10所中小学的300名学生开展的校外教育情况专项调查，68.3%的中小学生目前在校外参加培训班和家教；中小学学生人均每周用于校外补课达5.2小时。

为了让孩子“赢在起跑线上”，很多父母从孩子两三岁开始，就让其参加音乐、舞蹈、书法等兴趣班。上了小学后，还要上英语、语文、数学等课外补习班。

如果你问这些周末时间被课外班或兴趣班占领的孩子是不是快乐，或者喜不喜欢上，绝大多数孩子的回答都是不喜欢。

★ 父母需正确看待兴趣班

那么，孩子到底该不该上兴趣班？兴趣班对孩子的智力开发到底有没有用呢？

美国心理学家本杰明·布鲁姆（Benjamin Bloom，1913—1999）在20年里通过对近千名婴幼儿跟踪研究发现，智力潜能的发挥实际上是随着年龄的增长而递减的。假如人在17岁时所达到的智力水平为100%，那么孩子在4岁时已具备了其中的50%，4～8岁期间获得30%，而8～17岁这一阶段只增加了20%。可见，孩子最初4年的智力发展是以后13年的总和。也就是说，3～4 岁是孩子接受早期智力教育的最重要的时机。

兴趣班既可以学习知识、扩展视野、培养兴趣，又可以锻炼孩子的沟通能力、表达能力、人际交往能力、动手能力等。养成一个好的兴趣，会让人受益终身。2016年高考成绩发布后，有媒体对全国31个省份的60余名省级高考状元发去一份特制的“状元问卷调查”，在收回的36名高考状元的有效问卷中，谈及“每周给兴趣爱好支配时间多长”，有52.78%的状元选择了2～6小时。

媒体之后的调查发现，这些高考状元爱好各异，既包括琴棋书画，也有阅读、运动，他们绝不是只会刷题的学习机器。比如，甘肃理科状元胡明源从小看着父亲下棋长大，深受父亲影响的他7岁就开始学下围棋，小学毕业的时候就可以参加围棋业余组四段升五段的比赛了。辽宁省文科状元刘雨桐课外除了下国际象棋，还特别喜欢绘画。从小学开始学习素描的她，虽然没有参加过绘画比赛，但她画的素描石膏像非常专业。山西省文科状元周仕达就是一个典型的“书法迷”，从小学到高中都没有报过辅导班，唯一报过的就是书法班，练写字，喜欢得不得了。

兴趣和爱好可以是孩子学习、求知的动力。孩子对某一方面的知识产生兴趣的时候，他们一定会不断地接触、探索，使得这个兴趣逐渐强化，变为较明确的、相对稳定的志趣。志趣进一步发展，就会成为孩子终生为之奋斗的志向。现在大多数孩子面临的问题的关键不在于要不要进兴趣班，而在于兴趣班的“兴趣”是不是孩子自己的喜好。

现实中很多兴趣班的兴趣是父母的兴趣，或者说是父母的希望。有一些孩子根本就不想当什么画家和音乐家，可父母根本不顾孩子的意愿，一律强迫孩子学画画、学钢琴。孩子没有反抗力，只能被动接受，产生抵触厌学情绪。

★ 如何选择兴趣班

选择兴趣班要从孩子的年龄出发，有的父母在孩子两三岁的时候就选报芭蕾舞兴趣班，三四岁的时候就选择围棋和钢琴兴趣班。这种不适宜的选择不仅事倍功半，还有可能对孩子的未来发展产生负面效果。根据皮亚杰的认知发展阶段理论，7岁前的孩子处于前运思阶段，他们的心理表象是直接的物的图像，还不是内化的动作格式，故学龄前孩子一般不适宜过早学习围棋。

关于外语兴趣班的选报则涉及孩子的语言发展规律，生理因素对语言发展有限制，发音器官、听觉器官也是在后天逐渐发展成熟，孩子最早的发音都是直嗓子，以后才会有复杂的发音形式，其中2.5～4岁是语音发展的飞跃期，可持续到4岁半。全英语教学法的支持者则认为，孩子越早接触英语、越经常说英语，就越容易学好英语。这种观点的支持证据在于，第二语言的学习效果从幼儿到青少年呈下降趋势。双语教学法的支持者认为，孩子在使用母语学习时进步更快，并且在之后能很快适应全英语教学。一项由7万名母语为非英语的学生参与的关于双语教学法的研究显示，在小学阶段，教学语言类型的影响不大。但是，从七年级开始，那些在六年级还接受双语教学的孩子，成绩赶上甚至超过了母语为英语的同龄人。

对于能否坚持的问题，父母在给孩子选择兴趣班之前，要跟孩子做好沟通，问清楚孩子是否真的喜欢，是否能够坚持到底。父母要告诉孩子，兴趣班不一定像他想象的那么有趣和简单，有时会很累、很枯燥，然后给孩子几天时间考虑，再让孩子做决定。对于学了一段兴趣班的孩子，也要让他自己想明白不想学背后的原因，并承担后果。孩子年龄小，父母也可借此机会了解孩子的心理动向和心理需求。

学习任何技能都不会总是快乐的，父母首先要坚持不放弃，特别是当孩子在前进的道路上遇到困难和挫折的时候，要鼓励他们战胜困难，不要轻易放弃。当陪伴孩子坚持一段时间后，孩子建立了自信心，有了成就感，自然会逐渐喜欢上这项技能。

家长与老师沟通的技巧

自从进入小学4年级后，莹莹的学习成绩就一直徘徊在中等水平，其他方面的表现也不符合父母的预期。莹莹的妈妈很着急，总是怀疑什么地方出了问题，所以经常想找机会和女儿的班主任吴老师面谈。开始几次还不错，她到学校办公室直接找老师，老师也很热情，双方沟通比较顺利。不过，最近一段时间里，莹莹妈妈再去办公室的时候，吴老师不是说忙，就是说马上要上课，总是采取回避的态度。有时候给老师打电话，老师也不怎么接。老师越是这样回避，莹莹的妈妈就越怀疑女儿有问题，甚至认为老师已经失去了对女儿的信心，搞得她本人工作心不在焉，吃不香，睡不着，不知怎么办才好……

从孩子踏进幼儿园的大门开始，教育就成了老师和父母共同的事情。因此，父母如果能做好和老师的沟通，无疑对孩子的学习和成长大有助益。但是，一个班里有几十个学生，而且老师工作很忙，不可能有太多时间跟每位父母保持联系和沟通。

★ 与老师沟通不要心存芥蒂

有时候父母会发现，在与老师沟通的时候，孩子在学校的表现是双方关注的焦点，老师乐于与班上成绩优秀学生的父母沟通交流，而对总是惹麻烦的孩子，情况则比较微妙。这其实并不是老师歧视孩子，而是这些“问题”学生的父母在与老师的交流中或多或少会显得不积极。这样的态度直接反馈到老师那里，可能会导致双方的误解，最终导致交流减少。为了避免这种情况发生，父母在与老师沟通的时候不要心存芥蒂，要给老师充分的热情和信任，这样才能让自己和老师在一个良好的氛围内沟通，从而有效地建立起家校共育的基础。

★ 沟通要有明确目标

与老师沟通，父母一定要利用好家长会这个时机。央视著名主持人敬一丹在接受媒体采访谈及女儿上学时的情况说，无论工作有多忙，女儿每次开家长会，她都要坚持自己去。因为“开家长会这个事别人是不能替代的，哪怕那一天我应该在台里值班，我都会比较一下，值班这件事重要还是开家长会重要。什么叫重要？不可替代就是重要。值班这个事我可以让同事替我，家长会可没人替我。”

老师的时间是有限的，跟每个父母交流机会少，所以父母跟老师交流要有明确的目标，要注重效果。父母在与老师沟通时，切忌无的放矢。如果父母自己不先掌握好孩子的实际情况，就冒冒失失地去找老师，然后喋喋不休，沟通效率并不高。一般情况下，老师还是很愿意跟父母交流的，但父母也不要动不动就找老师，像莹莹妈妈那种就是因为找老师过于频繁，沟通也没有目的，最终让老师避之唯恐不及。

★ 充分利用现代通信手段

一般来说，面谈是最好的沟通方式，如果没机会面谈，也可以通过电话、短信、微信、发邮件等方式，要充分利用现代通信手段。

在与老师的沟通中，还要讲究方式方法。如果父母与老师是初次见面，寒暄后，父母要尽量表示出对老师的赞许，从心理学上讲，想要让别人关注你，你首先得表现出喜欢接纳别人的态度。另外，父母还要表现出对老师工作的配合，有任何事情都有意愿帮忙。在沟通中，不要一味强调老师照顾孩子、关注孩子。

平日打电话沟通，要懂得基本礼貌。一般的礼节是，打通老师的电话后，先自我介绍，然后问问老师“您现在是否方便，打扰您几分钟”等。如果老师有时间，再接着谈孩子的事情。 有时候父母也会接到老师打的电话，多半是因为孩子违纪犯错之类，这时候不要急于为孩子辩解，先听老师说完，了解基本情况，然后很重要的一步是承认错误或赞同老师的做法并配合学校的工作。在沟通中一定要心平气和，不要太过激动。

★ 避免陷入误区

在具体的交流中，父母和老师都不应有所避讳，应积极地把孩子在家庭和学校的状况反馈给对方，针对孩子的情况，制订积极有效的措施。父母不能因为孩子的成绩不好而武断地归咎于老师，这样不但不尊重老师，如果反馈到孩子那里，他会以此为借口来推卸自己的学习责任。

最后，家校沟通中要避免两个误区：一个是父母和老师完全站在一边，对孩子形成四面合围之势；另一个是父母完全和孩子站在一边，和老师形成对立。

老师不喜欢的几种父母

中国科学院附属玉泉小学高峰校长曾经撰文指出，学校最“怕”三类父母。

☆ 第一类：自以为是的父母

这类父母往往有着良好的知识背景，他们会把自以为是的教育方式强加给孩子，希望以此塑造出一个“未来的人才”。比如，有一对父母很想把孩子培养成医学专家，所以在小学、中学阶段对孩子要求特别严，孩子参加了众多的社会辅导班，参加了各类竞赛，成绩也很好。到了高三，通过层层推荐和面试，孩子真的实现了父母的愿望，考入了北大医学专业。但是，这个男孩并不喜欢医学，因此很纠结，再加上遇到了许多人际关系的难题没有处理好，结果到了大二时，孩子心理出现了严重问题，最后只好退学回家，到今天仍然待在家里。

这样硬性的教育追求与教育方式，从本质上说，是父母自以为是的结果。父母并没有真正对孩子的兴趣和潜能做一个了解和研究，只是使用父母的“霸权”想当然地为孩子设计和规划未来，从不考虑这样做是否会违背孩子的成长天性。

☆ 第二类：主张放养的父母

这类父母对应试教育深恶痛绝，认为自己也曾是应试教育的受害者，所以对当下的教育模式一概排斥，对学校教育一再指责，坚持主张放养孩子，不要学习，不要成绩，不要作业，不要习惯，就是让孩子玩，释放天性。这样的父母，看似顺应了孩子的天性，其实并没有按照科学的教育方法来要求孩子。孩子的生长过程是需要不断社会化的，需要适应未来社会的要求，就必须实施必要的规则和习惯教育，绝对不能放养，天马行空，怎么着都行。

☆ 第三类：没有教养的父母

有一天，学校的门卫告诉我，放学后一位喝醉酒的爷爷跑到学校来闹事，说他没有接到孙子，非要闯进校园要孙子，吵闹了半天。最后经过落实，孙子早已在放学时被奶奶接走了。有这样的无理取闹的爷爷，他的孙子还能好吗?

孩子在学校接受了5天的正面教育，但周末回家的两天时间里，随着父母负面的言传身教，学校5天的教育效果化为乌有。在这些家庭，呈现出所谓“2>5”的教育问题，令人痛心。

如何提高孩子的情商

“孩子动不动就生气，摔东西。”“在公众场合，从来不敢大声讲话。”“在楼下和小朋友玩，不到 10 分钟和人打了 3 次架。”不少父母遇到类似情况时束手无策，认为是孩子“太调皮”，等长大点会逐渐变好。其实，这些问题都是孩子情商不高的表现。

情商也叫EQ，主要指人在情绪、意志、耐受挫折等方面的品质，通俗地说，可以解释为情绪管理能力。情商包括以下几个方面的内容：一是认识自身的情绪。因为只有认识自己，才能成为自己生活的主宰。二是能妥善管理自己的情绪，即能调控自己。三是自我激励，它能够使人走出生命中的低潮，重新出发。四是认知他人的情绪。这是与他人正常交往，实现顺利沟通的基础。五是人际关系的管理，即领导和管理能力。在孩子成长的过程中，3～12岁的这段时期，是情商形成的关键期。

★ 情商关乎人生的成就

现在，很多父母将主要精力用于开发孩子的智力上，也就是提高孩子智商，而忽视了对情商的培养。一些父母认为，等孩子长大了，自然会懂事。其实，孩子的情商同样需要父母的教育。

情商关乎一个人的一生，对人生成功与否至关重要。一个人性格孤僻、怪异、不易合作；自卑、脆弱，不能面对挫折；急躁、固执、自负，情绪不稳定等，这些都是情商不足的表现，即使他的智商再高也很难有所成就。

有人说：在学校里，大家拼的是智商；步入职场，拼得更多的是情商。其实，无论处于哪个阶段，情商都是不能忽略的。想在社会立足，除了能力，情商也起着重要的作用。

情商与积极的人际关系和心理健康水平正相关，并对工作绩效有显著影响。拥有强大情商的人能够成为很好的领导者和管理者，并在团队协作中表现出色。

★ 高情商的孩子表现更积极

在学校，那些情商高的孩子和人相处起来会非常融洽，别的孩子也愿意和这样的孩子相处，所以他在学校的朋友多。高情商的孩子还会表现得自信、积极、乐观，懂得管理情绪，这也有助于学习成绩的提高。而成绩差的孩子则表现出无法承受压力、自控力差、不自信和精神不集中，这些状态也是低情商的表现。

孩子的情商是可以科学有效地培养的，2～6岁是孩子培养情商的关键阶段，也是对孩子未来成长具有重要影响的阶段。

★ 如何培养孩子的情商

培养孩子的情商，主要是培养他们的5种能力：认识自身情绪的能力、管理自身情绪的能力、自我激励的能力、认知他人情绪的能力、人际关系管理的能力。

情商培养是一个长时间、系统化的教育过程，不可能速成。虽然情商不受父母DNA的影响，但父母自身的情绪控制是宝宝情商雏形最直接的教材。朝夕相处的行为引导，又是孩子奠定自身情商最主要的指征。也就是说，父母是孩子最直接的情商教练。在孩子合适的年龄给予合适的教育，才能收到预期的效果，同理，情商教育也分不同的年龄段。

0～1岁，要坚持母乳喂养，多和宝宝进行皮肤接触；宝宝哭的时候要马上照料，使孩子有安全感。父母应经常与宝宝一起做各种游戏，教宝宝说简单的话，尽量满足宝宝急于探索世界的要求。此时，父母除了在生活上悉心照料宝宝之外，更需要在心理上、精神上安抚和关爱宝宝，让他在懵懂中建立起对这个世界最初的信任感和安全感，为建立平衡的个性打下扎实的基础。

把一个10个月大的婴儿放在堆满玩具的毛毯上时，一开始他会表现得非常小心，甚至不敢动，每隔几秒钟便会回头去看一下妈妈还在不在，一旦确定

安全后，他便会爬过去玩玩具。这就是安全感的作用，有安全感的孩子比没有的孩子更早开始探索和控制环境。如果危险出现，母亲又不在时，孩子的消极情绪便会冒出来，他会大哭求救。当妈妈出现在他身边的时候，他会再次感到安全和快乐，又去探索和冒险。

2岁开始，孩子会出现人生的“第一个反抗期”。开始分辨“你的东西”和“我的东西”，并拒绝和别人分享自己的东西。容易兴奋，发怒。他开始会细分情绪，如开心时会大笑，而看见了妈妈会微笑。在此阶段，父母应帮助宝宝强化和固定好情绪，疏导不良情绪。

3岁孩子已经学会用哭以外的方式来表达他的要求，会采用行动和语言来表达他内心的感受和兴趣爱好。例如，尖声大叫说明他很不高兴，而有打人举动则表明心情已经很恶劣了。看见爸爸妈妈吵架，他会在一旁哭；见母亲情绪不好，也会安慰妈妈说“妈妈，笑笑”。此时，父母最重要的是要为孩子提供感受各种情感的机会，还要善于把孩子丰富且敏锐的情感引向好的方向，在潜移默化中促进其健康发展。

4～5岁的孩子有了社会性的发展：亲子关系、师生关系以及同伴之间的关系。如果父母对孩子不够关爱，会造成孩子的情感饥饿；如果孩子害怕老师，可能会对以后的上学产生情绪障碍；如果处理不好与别的小朋友的关系，孩子可能养成孤僻的性格。所以，父母不但要注意与孩子间的亲子感情，同时要关心孩子在幼儿园或在同伴面前的表现。

培养孩子的情商关键不仅在于父母陪伴的时间，更在于陪伴的质量。父母应该多与孩子建立一些高质量的互动，多关注孩子的内心感受。高质量的亲子互动可以培养孩子的共情和同理心，是有质量的陪伴。

与智商培养不同，没有一套专门的教育体系去培养一个孩子的情商。如何学会觉察并管理自己的情绪，往往都是与身边的人的互动学会的。父母在这个过程中起到非常关键的作用。可以说，对于孩子情商的培养，父母是孩子的第一位老师，并且是最重要的那位老师。培养孩子的情商其实是个很大的话题，也是个“慢活儿”，如同培养孩子的生活习惯，需要日常生活中点点滴滴地渗透。

※ 情商教育要避免进入三个误区 ※

第一个是一些自认为属于开放型的父母，他们提倡幼儿教育要顺其自然，在幼儿成长过程中不能及时给予正确、必要与系统的指导与教诲，信奉“树大自然直”的理论，忽视了家庭教育对于孩子成长的重要性，没有在情商教育这方面给予重视，直接造成了孩子情商发展滞后。

第二个是溺爱，把孩子当成心头宝贝，事事迁就，伺候周全，最后却因为溺爱把孩子变成缺乏教养和独立生存能力的人。

第三个是非常关心孩子，有一种“恨铁不成钢”的心态，动不动就指责孩子，只要孩子在身边，就随时随地教育孩子，却不了解孩子的兴趣所在，把一些不适合的东西强行灌输给孩子。

志向远大的孩子成年后事业更成功

美国电影《叫我第一名》是根据真实人物改编的故事。主人公布莱德 6 岁时患上一种罕见的疾病——妥瑞氏症，这种病的病因是脑基底核的多巴胺过度敏感反应，及脑基底核与脑皮质之间的联系出现问题，导致身体无法控制地发出噪音并产生抽搐。

患上妥瑞氏症后，布莱德经常会不由自主地发出类似于狗叫的怪声，且身体抽动。老师讲课时，他紧紧地咬住铅笔，但是没有用，他越想集中注意力，就越控制不住自己，考试时情况更为严重。同学骂他笨蛋、怪物。别人欺负他，老师冲上来拉架时第一句话也是："你是一个大麻烦！"

老师误解他，同学欺负他，父亲训斥他……疾病所带来的压力以及别人的嘲笑使得他生活在不幸之中。

幸运的是，布莱德有一位伟大的母亲，自始至终支持着他。母亲坚信儿子不是故意搞怪，带他四处求医；去图书馆翻阅大量的医学书籍，最终证明儿子是患上了妥瑞氏症。了解到该病无法医治后，母亲并没有灰心，她带着布莱德去参加了妥瑞氏症患者的聚会，希望从中获得支持。然而，令他的母亲失望的是，大部分的患者向疾病低了头，成为社会的边缘人，一生生活在家人的庇护中，断绝了与外界的交流。这不是母亲想要的结果，她毅然拉着儿子离开了这个聚会，并且继续为儿子能够获得和正常人一样的教育机会而努力。

为了避免遭遇老师和同学们的误解与歧视，布莱德不断更换学校，直到他遇见了一位善良而又开明的校长。校长给了他一次宝贵的机会，让他利用一次音乐会向全体师生解释他的疾病与焦虑，使得全体师生了解了他和他的疾病，从而改变了对他的歧视。校长让大家知道，布莱德不是故意发出怪声，他无法控制，并呼吁大家一起帮助布莱德。正是因为这位校长和他的这次有意的安排，坚定了布莱德毕生追求教育事业的理想。他以优秀的成绩大学毕业，但因为他的这种疾病，很多工作与他无缘。他面试过多达 25 所学校，虽然不断遭挫却从不放弃，最终凭借他的乐观心态、不懈努力而终于成为一位受人尊重的优秀青年教师。

布莱德的成功离不开妈妈、校长等人的支持，但他是如何赢得这么多支持的呢？如果当年的布莱德因为自己的疾病觉得低人一等，他有可能变得退缩、逃避，甚至自暴自弃。布莱德最终成功的基础是他拥有强烈的自我肯定能力，而这种特质极大地增加了他被人帮助的概率。

健全的人格在儿童期已经打下基础，随着年龄的增长，人格逐渐形成和完善，可塑性越来越小。正如躯体和语言发育一样，心理和人格的发展也存在敏感期和关键期，在关键期进行心理和行为干预可以收到事半功倍的效果。如语言的发展，在3岁以前并不需要特殊训练，只要有合适的语言环境，孩子的语言能力就能发展得很好，错过了敏感期或关键期则很难取得良好的效果。

★ 自尊和自信是人格全面发展的基础特征

自信心决定人做事的成败，制约着人接受任务、面向外界的勇气和克服困难的精神。一个有自信的人，什么困难都不能阻止他追逐梦想的脚步。因此，在某种意义上，自尊和自信是人格全面发展的基础特征，从小培养有助于孩子优良品质的形成。

积极评价是激发孩子潜力的有效手段，是孩子建立良好自尊和自信的源泉，而孩子的自尊心和自信心从很小就开始萌芽。当孩子用各种方式吸引大家注意和赞美时，成人要给予适当的应答。

★ 发挥孩子的长处

每个孩子都有长处和不足，父母不要只关心自家孩子比别的孩子领先还是落后，更不要用自家孩子的缺点与别家的孩子的优点比较，要用发展的眼光看待自己的孩子。任何父母绝对不可在孩子面前或背后刻意批评他，而是要诚心地辅导孩子，发挥他的长处，使他的缺点自然而然地减至最少。父母要相信大自然，尊重孩子，相信儿童，要百分之百地接纳孩子。当孩子失败或犯错误时，让他能及时发现错误而自行订正；当孩子有“伤害自己、打扰他人、损坏环境”的行为时，则必须以温和的方式立刻予以制止。

父母要以赞赏的眼光看待儿童，当孩子哪怕有微小的进步，父母也要及时以适当的方式给予表扬与赞赏，不要把孩子的进步当作理所当然而忽略。

要善用精神奖励，少用物质奖励，以免使孩子只关注自己的奖品，而忽略了自己的进步，脱离了儿童正常化发展的轨道。

★ 正确看待失败和错误

对于孩子的失败和错误，应了解和区分主观动机和客观原因。面对客观问题，父母应予以谅解和宽容，给予帮助和支持，教孩子正确的方法，鼓励他再来一次，把改正错误的机会让给孩子。有一些孩子感到压力很大，父母总以为是孩子的问题，其实问题恰恰来自父母与周围的环境，父母期望过度带来过大压力，使孩子过度焦虑、极不愉快、丧失信心，对孩子的感情和人格产生极大的伤害。

正在成长的儿童与成人的心态差别很大，如果双方不能做一些调整，就无法和谐地生活在一起。由于儿童弱小无力，只能任人摆布，所以这些调整大多是对儿童不利的。如果儿童的行为与成人的需要不一致，儿童通常会不可避免地遭到限制，尤其当成人没有意识到自己的自我保护心态时，他们反而会相信自己给了孩子深厚的爱和无私的奉献。

父母要充分地尊重孩子，不能因为孩子小，就对他粗暴、冷淡甚至漠不关心。为了树立孩子的自尊心，对他取得的进步应当赞扬。孩子也和大人一样，当被尊重的时候，他们的内心也会感到舒服和愉快。

★ 宇航员阿姆斯特朗的故事

1930年8月5日，阿姆斯特朗（Neil Alden Armstrong，1930—2012）出生于美国俄亥俄州的沃帕科内塔。他从小学习认真，理想是长大当飞行员。在成为宇航员之前，阿姆斯特朗曾在美国海军服役，当过试飞员。他从14岁就开始接受飞行训练，16岁时，还没有达到法定许可驾驶汽车年龄的他已经拿到了飞行员执照。19岁时，阿姆斯特朗成了海军中最年轻的飞行员，多次获得空军勋章。

小时候的某个晚上，阿姆斯特朗独自在院子里玩耍。正在厨房忙碌的妈妈忽然听到院子里传来“咚咚咚”的撞击地面的声音，连忙问道：“孩子，你在玩什么呀？”小阿姆斯特朗气喘吁吁地大声回答：“妈妈，我想跳到月亮上去！”妈妈听了以后，从厨房里探出头来，微笑地说：“那好啊，但要记得回来哦！”

也许，就是妈妈这句充满善意和宽容的话冥冥之中暗示着未来，长大以后的阿姆斯特朗真的实现了自己的飞天梦想，成为美国登月第一人，并且平安顺利地回到了地球上。阿姆斯特朗登月后说的第一句话：“这是我个人的一小步，却是人类迈出的一大步。”至今仍被人津津乐道。

★ 远大志向的激励作用

如果说阿姆斯特朗的成功具有偶然性，那么英国一项持续30余年跟踪上万名英国人生活的调查显示，志向远大的孩子成人后事业更成功。英国教育研究所的研究人员分析了被调查对象在11岁时写的展望自己未来的短文，然后将短文内容与作者42岁时的实际情况相比较。

分析显示，即使孩子家境贫穷或能力不那么强，在小学毕业时如果志向远大，长大后从事专业技术职业的概率就大得多，哪怕实际从事的未必是他们当年梦想的那一种职业。

在11岁时便有专业技术职业抱负（兽医、律师、建筑师、科学家等）的孩子当中，50%的人42岁时在从事这类职业；在没有类似职业抱负的孩子中，这个比例仅为29%。无论男孩女孩，无论其父母从事体力还是专业技术工作，这种差别都十分明显。

在接受调查的孩子中，人生理想的分布并不平均。志向最远大的是来自中产阶层的较为聪明的孩子，而且多为男孩。埃利奥特说，即使把这些因素考虑在内，远大理想仍然能预示未来事业状况。比智力重要的是一个人的意志力，而比意志力重要的是一个人对自己的期许，也就是一个人的志向和抱负。志向和抱负是父母送给孩子最好的成长礼物，所以每位父母都应该帮助孩子找到他的兴趣点，为他树立远大的志向和抱负提供助力。

※ 如何帮助孩子树立远大志向 ※

志向犹如人生的指路明灯。高尔基说过：一个人追求的目标越高，他的才能在发挥过程中对社会就越有益。没有理想的人，就没有目标，没有奋起直追的持久动力。自古英雄出少年，童年时期的孩子记忆力最好，易于接受新鲜事物，也是立志的关键时期，所以父母要努力把握好这个时期。蒙台梭利说："我们照顾孩子的原则不是要求他们学什么，而是让孩子心里那盏智慧之灯不断燃烧。"

☆ 保证孩子的志向是可行的

俗话说"强扭的瓜不甜"，想让不适合唱歌的人立志当歌唱家，不适合短跑的人非要当百米运动员，是不可行的，所以父母要用恰当的说法，在不伤害孩子自尊心的前提下，劝他们放弃不切实际的志向。

☆ 帮助孩子对志向保持兴趣

每一个远大的志向都不可能是一蹴而就的，小孩子很容易对新事物产生兴趣，因此很可能产生无数个志向。这个时候父母要做的就是帮孩子做好计划，就像爬楼一样，只有一层一层地爬才有可能到达顶层，只有阶段性地实现目标才能让孩子对志向始终保持兴趣和好奇心。

☆ 要鼓励孩子不轻言放弃

人的一生会遇到各种各样的挑战和挫折，父母要及时鼓励孩子勇于面对困难的态度，建立刻苦、努力的学习态度，培养坚忍不拔、不屈不挠的意志力，切莫害怕孩子吃苦而主动劝孩子放弃。“这太累了，我们不学了。”“太晚了，睡觉吧，明天再写吧！”……类似的话尽量不要说，因为一个吃不了苦、受不了累的人是很难有所成就的。

怎样化解与他人的冲突

啸天的妈妈最近很苦恼，因为啸天的班主任王老师向她反映：啸天在班里不懂得控制情绪，经常和同学发生矛盾。啸天妈妈既担心儿子在和同学发生冲突时吃亏，又担心如此下去，影响孩子的学业与前途。

★ 家长处理孩子与他人矛盾的误区

一般来说，当得知孩子和他人发生矛盾时，父母常常有几种极端做法：一种情况是放任不管，让班主任去处理，此种多见于工作繁忙或粗心的父母；一种极端情况则与前一种相反，父母会过度介入，不依不饶，要求对方的父母或学校赔礼道歉；还有一种情况是，父母害怕孩子在班里或者同伴间遭人排挤受人冷遇，便给别的孩子送礼物或零食等“贿赂”拉拢，希望他们对自己的孩子好一点。

上述这几种态度，均无助于问题的解决，还有可能将事情变得更糟。特别是，最后这种做法反而给别的孩子造成了心理负担。其实，孩子的朋友是吸引来的，不是求来的。用贿赂的方式给孩子找朋友，反而是把孩子放到一个与其他孩子不平等的地位上了，反映出父母对孩子交际能力的不自信，也间接反映出家庭教育存在的问题。

在孩子的成长过程中，不同阶段有不同的社交需求。与成人和同伴的关系反映了他们不同的需求：与成人的关系反映出他们对于照顾、保护和指导的需求；与同伴间的关系更多是建立在对陪伴、游戏和乐趣的需求上。

★ 3岁左右即有社交需求

在3岁之前，孩子的大部分社交活动是在家庭发生的，多是与家人在一起。当孩子3岁左右的时候，他们会开始和小朋友发展真正的友谊。

随着孩子渐渐长大，学龄前孩子对友谊的理解也随之发展。他们开始将友谊看成一个连续的状态，一种稳定的关系。友谊以多种方式影响孩子的发展，比如为孩子提供有关世界、他人和自己的信息。

良好的同伴关系能为孩子提供感情支持，从而使得他们更有效地应对压力。拥有朋友还可以使孩子学会管理和控制情绪，帮助他们解释自身的情绪体验。

★ 正确看待孩子之间的矛盾

与友谊对立的是伙伴间的矛盾。大多数时候，孩子和同龄人之间的口角或者肢体上的冲突都是正常的，是一种成长经历，这是由自然人过渡到社会人必经的事情。有调查发现5%～6%的孩子，都曾在上学时被其他孩子孤立，有的甚至因此恐惧上学。如果我们能正确看待孩子之间闹矛盾，在处理的时候就会冷静、理智得多。

父母在处理孩子和同伴间的矛盾时，切忌不问事情原委，一味袒护自己的孩子，这样会对孩子的心理发展和社会适应力产生很大的负面作用。比如，把“吃亏”“你打我一巴掌，我一定要还你一拳头”等东西灌输给孩子。“以暴制暴”的观念一旦形成，会给孩子未来的生活带来诸多的烦恼。表面上看，孩子的委屈、愤怒情绪得到了宣泄，也就是我们说的“解气”了，但事情过后，担心别人会打回来，产生焦虑或者恐惧情绪，或者产生愧疚的情绪等，让孩子感到不安。如果孩子内心不安、烦躁，他就无法进入正常的学习状态。

此外，一味地鼓励孩子去告状，或者父母直接介入导致矛盾升级，对孩子也是非常不好的示范。很多时候，成年人往往误解了孩子的世界。孩子的社交能力强并非意味着他必须彬彬有礼，和人没有冲突；孩子社交能力的发展也不是一蹴而就的，不是我们教给他，他就会了。孩子的社交能力是在不断地体验和练习中逐渐建立的，无论成人还是孩子，社交能力的基本功都包括认可他人的存在、体会他人的情绪、接纳他人的行为等，这些都需要积累大量的经验才能练就。

作为父母，要从以下几个方面来引导孩子正确处理人际冲突：

☆ 接纳孩子的情绪

对于孩子可能产生的负面情绪，如愤怒、伤心、紧张等，父母要理解孩子的处境并接纳，用正面的态度与温暖的话语安慰孩子。

☆ 弄清原因，放手让孩子自行解决矛盾

孩子间的冲突不是好事，但父母可以从中找到孩子的成长点。父母可以通过这件事情，和孩子一起分析自己在这次冲突中该承担的责任，和孩子一起寻找避免冲突、化解冲突的方法，然后放手让孩子自己去解决他们之间的冲突，借此培养孩子全面分析问题的能力，提升孩子与他人友好相处的能力，形成正确的人生观和世界观。

☆ 帮助孩子换位思考，摆脱自我为中心的观念

孩子欠缺换位思考的能力，是他们之间出现矛盾的原因。如果孩子能站在别人的角度看待问题，可能就会转变对事情的看法。

☆ 教会孩子化解矛盾

孩子之间的有些矛盾他们还不懂得如何化解，父母要教会孩子学会道歉和请求他人原谅，学会心平气和地用恰当的语言化解矛盾。比如，两个孩子正在踢足球，当他们同时去接球的时候无意中撞在了一起。其中一个孩子把这件事当成一个意外，并说对不起；而另一个孩子则开始推搡对方，把这件事当成一种挑衅。对事物的不同看法，导致处理的方式大相径庭。因此，如果父母教会孩子更准确地解释情境，就可以引导他们学会换个角度看问题，积累处理冲突的经验。

☆ 如果孩子喜欢独处，父母可顺应孩子的个性，不要强求

成人都有一个认识误区，那就是朋友多了路好走，总觉得朋友多人生才不孤单。其实，有的孩子虽然安安静静，但是内心很有力量，并不会觉得自己孤单，父母要意识到这一点。

★ 特殊情况下，需要父母出面

在一些特殊情况下，孩子之间的矛盾是需要父母了解、参与并帮助孩子协调解决的。比如孩子在学校经常被欺凌、面临危险、身体受伤时，或是和同学之间的矛盾长期得不到解决时，这种情况就需要父母出面帮助了。

通常情况下，孩子如果受到了伤害，老师都会主动跟双方父母沟通。作为受伤一方的父母，首先要关注孩子的身体状况，及时就医。待孩子身体稳定后，再冷静处理。了解事情经过后，父母应该本着善良诚恳的态度，教育孩子要有原谅对方的胸怀，鼓励孩子与小伙伴握手言和，化解误会，重拾友谊。而作为对方父母，一定要教育孩子设身处地为对方着想，换位思考，主动道歉，而不要纠结于孰对孰错的细节。

Wise counsel

锦囊妙计

※ 什么样的孩子受同伴欢迎？ ※

孩子能在与同伴相处的过程中获益。他们能学会社会交往和建立友谊所需要的技巧，增进彼此间的关系，并获得归属感。现实中，有的孩子处处逢源，很受同伴的欢迎，但有的孩子则非常孤立，其行为或言语通常会遭到同伴的嘲讽和鄙视。为什么会出现截然相反的情况？心理学家主要从两方面尝试回答这一问题：一是考察研究受欢迎程度的个体之间的差异；二是找出一些孩子受欢迎而另一些孩子不受欢迎的原因。

☆ 孩子的地位

地位是指群体中其他相关成员对该个体或角色的评价。尽管学龄孩子不太可能准确地提出到底是谁的地位高的问题，但友谊事实上就是表现为清晰的地位等级。地位高的孩子有更多获得资源的机会，比如玩具、游戏、书籍、信息等，地位低的孩子很多情况下需要接受地位高者的领导。

地位是影响孩子友谊的一个重要决定因素。地位能够通过一些方法来测试，最常用的一种是直接问孩子喜欢或不喜欢某个同学的程度，以及问他们最（不）喜欢和谁一起玩耍或共同完成某个任务。

地位高的孩子更容易与其他高地位的孩子建立友谊，低地位的孩子更可能与低地位孩子成为朋友。地位也与孩子拥有的朋友数量有关：高地位孩子很容易就能拥有比低地位孩子更多的朋友。

高地位孩子不仅在社会交往的数量上不同于低地位孩子，而且其交往性质也有差异。高地位的孩子更有可能被其他同伴当作朋友，更有可能形成排外的、令人向往的小团体，他们也倾向于和更多的孩子交往。相反，低地位孩子更可能和比其年幼或受欢迎程度更低的孩子一起玩。

简而言之，受欢迎程度反映了孩子的地位。处于中高地位的学龄孩子更可能发起并协调共同的社会行为，使得他们社会活动的一般水平高于低地位孩子。

☆ 乐于助人、善于合作的人格特征

受欢迎孩子有一些共同的人格特征：他们常常乐于助人、善于合作。他们还很有趣，通常具有幽默感，也能够欣赏他人的幽默感。与那些不太受欢迎的孩子相比，他们更容易理解他人的非言语行为和情绪体验。他们也能更有效地控制自己的非言语行为，从而更好地表现自己。总之，受欢迎孩子具有较高的社会能力。社会能力是使得个体在社会环境中成功表现的各种社会技能的集合。

虽然受欢迎的孩子一般都很友善、宽容、乐于合作，但是，也有一类受欢迎的男孩会表现出一系列的消极行为，包括攻击行为、破坏行为和制造麻烦。虽然存在这些行为，他们仍然被同伴认为很酷、很顽强，也常常备受欢迎。部分原因可能是其他人认为他们勇于打破规则，做他人不敢做的事。

☆ 解决问题的能力

与受欢迎程度有关的另一个因素是孩子的解决社会问题的能力。解决社会问题是指使用令自己和他人皆满意的策略来解决伙伴之间的冲突。学龄孩子之间，包括最好的朋友之间，经常会发生冲突，因此掌握处理冲突的有效策略是孩子获得社会成功的重要元素。研究发现，在校园被欺凌者常常有一些共同特征，大多数人非常被动、不合群，常常容易哭泣，缺乏可能会缓解欺凌情境的相应社会技能。比如，他们很难幽默地回应欺凌者的嘲弄。

假设石头是一个四年级的小学生，他正在跟铁蛋玩游戏。铁蛋输了，很生气，并抱怨规则不好。如果石头不明白铁蛋的生气更多是因为没有赢的话，他就很可能开始为规则辩护、批评铁蛋，弄得自己也很生气。但是如果石头能够更准确地解释铁蛋生气的原因，他就能够采用一种更有效的方法，例如提醒铁蛋："喂，下一局赢我吧！"从而缓和局势。

也有很多原因使得孩子不被大家喜欢。在不受欢迎的孩子中，有一些孩子的攻击性强，还有一些则是活动过度、注意力有缺陷或性格孤僻的孩子。另外，表现不成熟、身体笨拙或经常焦虑、忧郁的孩子也不大受人喜欢。不受欢迎的孩子往往对他人的感受不敏感，难以适应新环境。

不受欢迎的孩子可能成为习得性无助现象的受害者。他们不知道令他们不受欢迎的根源，因此他们可能会感到自己缺乏或完全没有能力去改善自己的处境。结果他们就这样放弃了，甚至不会尝试更多地去参与同伴活动。相应地，他们的习得性无助变成了自我实现预言，减少了他们未来变得更受欢迎的机会。

儿童对朋友身上最受欢迎和最不受欢迎的行为（按重要性排序）

最受欢迎的行为	最不受欢迎的行为
有幽默感	言语攻击
友善或友好	表达愤怒
乐于助人	不诚实
赞美别人	批判的、批评的
邀请别人参与游戏等	贪婪的、专横的
分享	身体攻击
避免不愉快的行为	令人讨厌或烦恼
应允或给予控制权	嘲笑他人
提供指导	妨碍成功
忠诚	不忠实
表现非凡	违反规则
促进成功	忽视他人

延伸阅读

儿童社会性的发展

——选自《蒙台梭利幼儿教育法》

关于儿童社会生活的发展，蒙台梭利认为，社会是一个各种行为和谐开展的整体，儿童为了适应社会性的生活，必须从小就要发展一种相应的能力。其实，儿童从迈向独立的第一步起，就已经在渴望一种和谐的社会生活。

在日常生活中，让儿童自由选择，他就会有自己的行事方式，从而获得社会经验，在内心形成一定的社会秩序，这样就慢慢地学会了如何正确处理所面临的社会性问题。

社会性也像儿童的成长过程一样，要经历一个胚胎阶段。我们很有趣地看到，儿童逐渐意识到他们的行为正在促进社会性的发展，也渐渐感觉到自己的行为是群体行为的一部分，他们不但对此非常感兴趣，而且会全心全意地进行工作。一旦达到这一水平，儿童的行为就不再是毫无目的的了，他会把群体的利益放在第一位，然后把群体的利益与自己的利益结合起来。

儿童是在自然需要和潜意识的支配以及社会意识的激发下形成了社会团体意识。团体意识不是通过灌输方法得来的，它也不依赖于任何形式的竞争，而是自然的产物，这是儿童自身通过努力所取得的结果。显然，自然规律决定了个性和社会生活的建立，但这种自然规律只有在适宜的环境下，通过儿童的行为才能表现出来。儿童只有通过他们的行为，才能在自然发展的过程中，向我们展示社会生活所必须经历的阶段。

儿童发展的首要问题是集中注意力，这是儿童性格形成和社会行为的基础。儿童必须学会如何集中注意力，任何人也不能人为地使儿童集中注意力，为此，他必须找到能够使他集中注意力的东西，所以儿童周围的事物对他来说就显得非常重要。只有儿童自己才可以对自己的心理进行调节，别人无可代劳。

家庭，是孩子爱的港湾

父母婚姻危机对孩子的影响

★ 孩子是婚姻闹剧中最无辜的人

罗森与小梅的离婚案件要等到下月才会开庭，但突然有一天，罗森带着他们8岁的儿子文文来到法院要求见法官。法官看到孩子年龄小，不适合参与案件谈话，便要求书记员带孩子在隔壁调解室等候。不料，身为爸爸的罗森竟然不同意孩子离开，跟法官说：孩子什么都懂，父母离婚的事他什么都知道，不需要回避，也不能回避，就是要让孩子知道他妈妈是个什么样的人。

法官正准备进一步劝解时，孩子突然冲着法官喊："我妈妈在外面有野男人，她是个坏妈妈，我们都不要她了。"身为爸爸的罗森见势非但不阻止，还很得意地跟法官说：你看，孩子很懂事，抚养权一定不能判给他妈妈。

庭审中，法官了解到，自从文文的妈妈小梅向丈夫提出离婚，就再也没有见到过孩子，文文的爸爸也不同意小梅接触孩子……

比一段不幸的婚姻更不幸的是婚姻中的孩子。离婚是人生中伤感的事件，而孩子是婚姻闹剧中最无辜的人。

民政部公布的数据显示，2015年中国粗离婚率（指年度离婚数与总人口之比）已从2006年的1.46‰猛增到2.79‰，短短10年的时间，逐年增长，中国人的离婚率居然飞速增加了将近一倍。从全球角度看，2015年中国的离婚率2.79‰，这个数字已排在了世界第3位，仅次于俄罗斯的4.5‰和美国的3.6‰，远高于人们传统印象中开放而浪漫的法国和意大利。

★ 父母离异对孩子的压力

列夫·托尔斯泰（1828—1910）说："幸福的家庭都是相似的，不幸的家庭各有各的不幸。"

幸福的家庭肯定会有一对关系良好、互敬互爱的父母，父母间良好的关系促进孩子的健康成长。相反，如果夫妻关系不佳，家庭成员就会被迫做出不良的适应，利用自我防卫来保护自己。

对于感情破裂的夫妻来说，离婚不是发生在某一特定时间的特定事件，而是一个冗长的过程，会在很长时间里影响孩子。它以父母之间的争吵开始，一直持续到夫妻中的一方离家出走，最后到法律上的分离。随着时间的变化，孩子反应的方式也随之变化。

父母离异会对孩子产生不同的压力。起初是来自父母争吵、冷战等婚姻冲突的压力，然后是父母分离的压力，最后是突然与父母一方分开的压力。孩子也许不能完全理解所发生的事情以及事情发生的原因。另外，离婚也会对父母产生压力，进而会对子女的教养行为产生一些消极影响。离婚后，如果父母一方再婚或再婚后第二次离婚会给孩子造成更大的压力，使孩子再次产生被遗弃的感觉。

那么，父母离婚具体会对孩子产生多大的压力以及影响程度呢？心理学研究发现，这还取决于离婚时孩子的年龄以及父母离婚时间的长短。如果父母刚离婚，孩子的反应会非常糟糕，这时父母和孩子双方都可能表现出一段时间的心理失调，大概持续6个月到2年的时间。例如，孩子可能会焦虑、抑郁，出现睡眠障碍或恐惧症。即使父母离婚后孩子与母亲同住，大部分情况下，母子关系的质量还是会下降，因为孩子常常觉得自己夹在了父母中间。

如果父母离婚时，孩子处于早期阶段，他们往往会责怪自己造成了父母关系的破裂。孩子到10岁时，当必须在父母中做出选择时，他们会感到压力，在一定程度上体验着分裂的忠诚。

★ 离异父母对孩子的后续态度影响适应力

离婚后，在包括监护和探视安排、抚养费、重新确定家庭责任、重选住址、和非监护父母一方的联系等问题上，不同的父母在处理方式上存在很大差异。研究发现，离婚后如果有监护权的父母一方给孩子温暖和支持，采取权威型方式监督孩子的行为，且夫妻冲突在离异后停滞，未取得监护权的父母一方和孩子仍能保持亲密联系，那么孩子在父母离异后能适应得更好。

父母离异后，孩子和妈妈在一起生活，爸爸付给子女抚养费，这样更有利于孩子的发展。父亲的抚养费是父子（女）关系和离异后父母间关系的晴雨表。父亲和孩子接触的频率并不重要，重要的是父子（女）关系的质量以及父母间冲突的水平。研究发现，即使孩子和父亲不住在一起，但他们之间的关系亲密，而且父亲是权威型父母的话，这样的孩子往往在学校表现更好，而且出现行为问题的可能性较小。

★ 原本不快乐的家庭离异后对孩子是一种改善

孩子对父母离婚的反应还取决于其他因素，其中之一是家庭的经济状况。在许多情况下，离婚会使父母双方的生活水平下降，孩子可能因此陷入贫困之中。

而在有些情况下，离婚会减少家庭中的敌意和愤怒，从而减轻其消极影响。有30%离婚家庭的冲突水平很高，离婚后冲突的减少反而有益于孩子。对于那些希望和没有住在一起的父母维持积极亲密关系的孩子，尤其如此。

若孩子生活的家庭完整但不快乐，那么离婚相当于一种改善。但是将近70%的离婚家庭，其冲突水平在离婚前并不是特别高，孩子可能需要更艰难的一段时间来适应父母离婚带来的影响。

★ 18个月到2年后会逐渐适应

父母离婚18个月到2年后，大多数孩子开始恢复到父母离婚前的心理适应状态。对于许多孩子来说，父母离婚对他们的长期影响很小。

然而，有其他证据表明离婚还会带来一些其他影响。例如，来自离婚家庭的孩子进行心理咨询的人数是来自完整家庭的两倍（尽管有时候咨询是法官要求离婚家庭必须履行的一个步骤）。另外，父母离婚的孩子将来自己离婚的风险更高。

当离异家庭的孩子长大成年后，在试图建立自己的亲密关系时，他们会表现出与父母离异有关的焦虑。由于经历了父母离异，一些年轻人试图保持独立，害怕做出承诺，担心最后以失望告终。离异家庭的孩子成年后，即便没有严重问题，他们也会有挥之不去的悲伤、担忧、遗憾

和痛苦，这些感受通常与他们缺乏对自己生活的控制感有关。

★ 单亲家庭对孩子的不良影响

因父母一方亡故而形成单亲家庭的数量很少。较多的情况是没有配偶（未婚妈妈）、配偶离婚或配偶离开。大多数情况下，单亲家庭里的父母方是母亲。

生活在单亲家庭对儿童有什么影响？这个问题很难回答，但是一般来说，单亲家庭的经济状况要比完整家庭更差，生活相对贫困会对孩子造成不利影响。

不过，生活在单亲家庭对孩子的影响并不总是积极或消极的。如今的单亲家庭数量非常之多，曾经的坏名声也大大降低。孩子最后的成长情况取决于与单亲父母有关的多种因素，如家庭经济地位、父母与孩子共处的时间、家庭内部的压力等。

尽管单亲家庭的孩子发展良好，但一些研究发现，这些孩子往往在社会性和受教育方面落后于正常家庭的同龄人。与单亲家庭的孩子相比，那些与父母双方生活在一起的孩子，往往与父母有更多的交往，经常和父母一起阅读，在学校进步更稳定，参加的课外活动也更多。

★ 离异后再婚家庭的亲子之道

离婚的长远影响还包括父母一方或双方的再婚，小孩子会认为自己的爸爸妈妈被抢走了，会害怕爸爸妈妈从此就不疼爱自己了，所以很多情况下，孩子一开始都会对爸爸妈妈各自的另一半充满敌意。

涵涵的爸爸妈妈在她 3 岁的时候离了婚，她由爸爸抚养，平时由奶奶照顾。离婚 2 年后，涵涵的爸爸妈妈分别有了新的女朋友和男朋友。

有一天，涵涵的爸爸带了一个阿姨回家吃饭，涵涵猜想这个阿姨可能会成为她的“新妈妈”，所以潜意识里对此很反感，无论阿姨如何逗她，她都表现得很不开心。寒假时，涵涵妈妈跟往年一样把涵涵接到身边度假，让涵涵不喜欢的是，妈妈身边居然也多了个陌生的叔叔，妈妈还告诉涵涵她很快要跟这位叔叔结婚了……

再婚家庭和“自然”家庭不同，这样的家庭成员更多，可能包括4位成人（再婚双方以及各自以前的配偶）和2~3个孩子（包括再婚双方各自以前的孩子以及再婚后出生的孩子）。生活在这种混合家庭里，这对孩子来说是一个挑战。一些研究发现，和女孩相比，男孩更难适应父母离异和单亲生活，所以有一位继父会提高男孩的适应力；而女孩则会把家里新出现的这个男人看成对自己独立以及自己和母亲建立亲密关系的威胁，因而女孩比男孩较难接受继父。

混合家庭里常常会出现角色和期待不明确的状况，即角色模糊。自己的责任是什么，应该怎样对待继父母和其他兄弟姐妹，如何才能做出对自己在家庭中的角色有广泛影响的决定，孩子对这些可能都不确定。比如，混合家庭的孩子可能要选择与父母中的哪一方共度假期，或者可能要在生父母和继父母相冲突的建议中进行选择。

★ 再婚家庭的孩子易焦虑

香港城市大学的一项调查发现，再婚家庭孩子的焦虑症状是1.98分，高于一般家庭孩子的1.85分（3分为满分）；抑郁症状方面，再婚家庭孩子是1.9分，一般家庭孩子1.66分；主观快乐感方面，一般家庭孩子有5.02分，比再婚家庭孩子的4.51分为高（7分为满分）。与一般家庭孩子相比，再婚家庭孩子身心健康较逊色，有较多“外化”问题，如经常坐立不安或躁动，容易失去信心。

父母再婚前一定要跟小孩真诚交流，把事情讲清楚，不要遮遮掩掩，做好沟通是很必要的。很多家庭重组时，孩子不接受是一道关卡，也有人觉得很难冲破便放弃。对于孩子的这类情况，父母只能真诚地与孩子交流，让孩子慢慢了解，可把对孩子的伤害降到最低。

再婚家庭中，继父母应从感情层面投入自己的关爱，在生活上给予孩子帮助。再婚发生于孩子5岁前，孩子较为容易接纳“新父母”，如果孩子的年龄超过5岁，会本能地排斥家中突然出现的陌生人，对继父母还可能会存有怨恨心理。再婚家庭中，由于性格、习惯各异，在孩子和父母之间、孩子和孩子之间、父亲和母亲之间，充斥着各种情感冲突。

★ 遇到问题，家中“新人”要沉住气

再婚家庭中，如果遇到孩子排斥的情况，家中的“新人”先要沉住气，面对孩子的冷淡态度甚至粗暴举动，不要去责问孩子也不要去责备，更不要气馁。可找合适的时机和孩子做换位沟通，将话题引到“如果你是我你会怎么办”上来。再通过寻找情感中的 “爱妈妈”（或“爱爸爸”）这样的相同点，循循善诱，或主动套近乎，与孩子逐渐拉近距离。如果孩子排斥感很强，可以通过孩子信赖的人，比如妈妈的朋友，来牵线。

在孩子犯错时，继父母不要直接干涉或批评教育，最好由亲生父母出面管教。

★ 创造家庭成员都融为一体的环境氛围

还有调查显示，单亲和再婚家庭子女在情绪稳定性、烦恼、紧张、焦虑及压抑程度等方面的百分比均高于其他家庭类型同类指标。由于与继父或继母的交往、在家庭生活中的自由度以及在经济上的支配权，均与和自己亲生父母生活在一起时有一定的距离或差异，使其内心产生了忧虑、紧张、压抑、烦恼等不健康情绪。

从人性角度讲，每个父母最爱的都是和自己有血缘关系的子女，再婚夫妻很多都是双方或一方带有子女，能不能包容对方的子女，能否公平处理好双方子女间的矛盾，也是影响再婚夫妻生活质量的主要方面。最好的办法是，再婚前夫妻双方要达成共识，把对方的子女视如己出，并且在共同生活前就让孩子们尝试相处，让孩子接纳新爸爸或新妈妈。

一般来说，孩子年龄越小，在混合家庭中的过渡就越容易。成功的再婚家庭是父母能够为孩子创造一种所有家庭成员都融为一体的环境氛围，这种氛围可以为孩子的自尊提供支持。

Wise counsel
锦囊妙计

※ 几代同堂家庭的育儿经 ※

随着我国第一代独生子女大多已进入婚育年龄，“421”家庭模式开始呈现出主流倾向。421家庭，也就是4个老人、1对夫妻、1个孩子。而这种“倒金字塔”的家庭结构，也衍生出一些现实问题来，比如如何教育孩子、如何养老等。

孩子、父母和（外）祖父母等几代人住在同一屋檐下，可以给孩子带来丰富的生活体验，使其既受到父母的影响，也受到（外）祖父母的影响。但是，如果几个大人都把自己作为纪律执行者，都想做“董事长”，而没有协调好彼此的行为，那么几代同堂的家庭也存在爆发冲突的可能性。特别是老一辈的人，他们会发表育儿经验，也常常会用他们那个年代的教育标准来教育现在的孩子。事实上，几十年前的育儿方法，不一定适合现在的社会，毕竟价值观、舆论环境、物质条件、科技手段等都发生了非常大的变化。

家人越多，育儿的阻力就越大，因为孩子的七大姑八大姨、爷爷奶奶都可能提出方法意见。

几代同堂的家庭在育儿中要注意以下几个问题：

☆ 对教育有分歧时，不要当着孩子的面争吵

几代同堂的家庭，年轻的父母应与老人达成这样的共识：一方在管教孩子时，另一方就算有异议，也不能当着孩子的面贬斥、指责对方。一旦双方当着孩子的面产生分歧，孩子就会利用这种分歧来达成自己的目的。比如，他知道什么样的要求，在哪一方容易得到通过；犯错误想逃过惩罚，可以搬

谁来做“保护神”……这将助长孩子投机取巧的习气，也使得他的坏习惯难以扭转。

家庭中的争吵，也会影响孩子的情绪，内向的孩子会为此陷入深深的自责而无法自拔。因此，当面争吵是家庭教育的大忌。大人间有分歧也属正常，但一切消弭分歧的谈判，都要在孩子背后进行，这样才能取得成效。谨记，家庭中无论发生什么事情，所做的一切都应该围绕儿童生命成长这一自然现象，让家庭这所人生最重要的学校成为一个真正的爱的圣殿。

☆ 不要贬低对方的权威

无论是对孩子的教育方法，还是在家庭事务的处理上，年轻的父母切莫当着孩子的面说：“你奶奶或你爷爷懂什么，那些经验都是计划经济的产物了，早就与现实脱节了。”当老人的也不能说：“不要听你爸爸的，有爷爷在呢。”不论是哪一方在孩子的心目中失去权威，以后再管教孩子都会面临孩子不听的结果。在失去权威的家庭里，孩子身上的顽劣天性会变成一匹脱缰的野马，改正起来很困难。

☆ 不要用溺爱的方法去讨好孩子

孩子的妈妈和奶奶尤其要注意，切勿在管教之余如此启发孩子：“瞧，你妈妈对你多狠心，还是奶奶对你好。”“你奶奶偏心眼，对你姑姑家的孩子多好，对你却爱理不理的！”还有的是你买一只玩具狗，我就买一辆小汽车……争着向宝宝展示自己的爱心。这种互相挑唆的语言或举动，容易产生家庭矛盾，让孩子无所适从，心理发展偏离正轨。

几代同堂的家庭更要创建和睦的家庭氛围，更要善于化解矛盾，爱才是给孩子最好的教育。

二胎家庭的相处之道

★ 二胎家庭的苦与乐

小玲的女儿今年5岁，儿子1岁半，因为家里有父母帮着照看孩子，小玲在儿子出生4个月后，休完公司的产假就正常上班了。父母对孩子照顾得当，解决了小玲的后顾之忧，使得她在上班的时候也不是特别担心孩子。为了增进亲子关系，小玲两口子与父母也形成了一种比较稳定的育儿模式：上班时间由父母照顾孩子，下班后和周末则由小夫妻来替换。

即便如此，小玲和老公共同的感触是，在生完二胎后，个人的空闲时间明显被压缩。有时候，在周末同学邀约她出去聚会，小玲多半也是委婉拒绝："实在太忙，两个孩子走不开啊。"假日里出门旅游，必须把两个孩子一起带着，选择出游的地点、时间、景点、酒店也全是根据孩子的兴趣和体力做参考。不过，有苦就有甜。虽然小玲和老公有时候觉得很累，但看着两个孩子活蹦乱跳，健健康康的，感觉再累也是值得的！

有不少的朋友、同事来咨询她生二胎的经验，小玲给出的建议是："生二胎前，自己首先要想好，家庭有没有承受力，一是带孩子的时间和精力，如果养育一个孩子已经很吃力，时间紧张，那么再增添一个，自己是否还能顾得过来；二是要从自己的物质条件出发，比如住房、家庭收入、工作状况等是否能满足两个孩子的成长需要。"

★ 生二胎前要算哪些账

从2015年起，随着我国全面二孩政策的放开，不少已经有了一个孩子的家庭，又陷入要不要"二胎"的纠结之中。再生一个，除了要像小玲一样算笔经济账和时间账外，还面临着另外一个问题——原来是独生子女的孩子，对于即将到来的弟弟妹妹是怎样的态度。俗话说"会哭的孩子有奶吃"，一旦家里有了第二个孩子，因为孩子年龄小，全家的关注点都集中在刚出生的"二宝"身上，这是否会让"大宝"在初期受到冷落？而随着

“二宝”的逐渐长大，兄弟姐妹间是否又会因为争夺玩具或食物闹得不可开交？

80 后妈妈美娟陷入了是否生二胎的纠结。因为已经有了一个男孩，生长在“双独”家庭的她和老公一直想再生一个女儿，可当和家人商量这事之后，上幼儿园大班的儿子好几天闷闷不乐。美娟在和儿子谈心后得知，虽然儿子也很希望有个妹妹陪伴，但担心有了妹妹后，大家就不爱他了……

现在大多数孩子是独生子女，备受宠爱的“独孩们”垄断了家里所有的资源，二胎弟妹的来临难免会让他们产生危机感。对此，父母要积极引导，首先要理解孩子的心理需求，然后要注意培养孩子的责任感与同情心。许多孩子难以接受二胎弟妹，主要是源于父母或其他长辈“吓唬式”的玩笑话，在这种环境下，孩子更容易产生心理落差。

★ 做好老大的心理工作

二胎家庭中，心理变化最大也最需要呵护的是大孩的心理。所以，在二胎出生之前，父母要多和老大进行沟通，让孩子意识到弟妹出生之后，他（她）生活中可能会发生的变化。父母可以强调当哥哥姐姐的责任感和神圣感，激发孩子的爱心和保护欲，同时要让孩子明白，弟妹出生后会很弱小，需要更多的照顾，父母可能会变得很忙很累，爸爸妈妈对他们的爱是一样的，只是有时会减少陪伴的时间。这些沟通会让孩子有些心理预期，不至于弟妹出生之后，面对家里的变化而措手不及。

如果家里两个孩子年龄相差不大，大孩子也处在幼儿时期，那么在照顾二胎的同时，也要给大孩子归属感和安全感，比如给予他拥抱亲吻这样的身体接触；对于已经懂事的少年孩子，更多的是培养他们的责任感，让他们去接受“弟弟妹妹同样是自己最亲的人”的观念。

只要父母能正确处理，孩子过了适应期，二胎家庭的兄弟姐妹尽管有频繁的冲突，但同时存在爱与家庭温情。孩子与兄弟姐妹间的关系质量常常影响他们与其他孩子间的关系；一个会攻击兄弟姐妹的孩子多半也会攻击伙伴。非独生子女比独生子女更容易与幼儿园的伙伴和平相处。

★ 父母切忌偏爱某个孩子

二孩家庭中，父母由于孩子发展水平、性别、长相、性格特征以及个人喜好等，易产生对某个孩子的偏爱。被偏爱者容易骄横任性，被冷落者则容易冷漠孤僻，这对孩子的成长是不利的。

父母要懂得欣赏孩子之间的差异，每个孩子都是独一无二的，没有必要对两个孩子进行横向对比，更不能偏爱、溺爱孩子。如果两个孩子都有值得奖励或表扬的事情，要给予同等的肯定；如果孩子犯了同样的错误都应给予相应的批评或惩戒。不要因为孩子年龄小或其他原因，父母在对待两个孩子的问题上态度不一致，厚此薄彼，给孩子带来巨大心理反差。如果是一方犯了错误又不涉及旁人的时候，要给他（她）创造一个兄弟姐妹不在场的机会进行单独批评。

父母须注意，不要把自己的意见强加给孩子，要学会倾听和沟通，平时要教会孩子互相尊重、互相关心、互相包容，培养孩子间深厚的亲情，营造民主、公平、和谐的家庭氛围。

当二孩出生后，有一些父母会将对大孩的教育缺憾，弥补在第二个孩子的教育成长中，比如，在大孩身上采用民主的教育方式不管用，便对二孩采取专制；在大孩身上未完成的心愿，顺理成章转移到二孩身上。其实，每个孩子都有自己发展的宏伟蓝图，每个孩子都有自己的特点和优点，父母应该顺应孩子的天性，发现和发掘各自的兴趣和闪光点，在教育过程中学会“量体裁衣”，因材施教。学习科学的育儿理念与方法，提升家庭教育的质量，了解孩子的身心发展规律，切勿矫枉过正。

※ 二胎家庭的孩子社会适应能力强 ※

从心理学的角度看，兄弟姐妹之间的关系对个体的社会化具有明显的作用，兄弟姐妹之间的关系可以成为理解社会关系的一种手段。孩子从与兄弟姐妹的互动过程中，学习到的经验和技能能够迁移到家庭之外的关系中。

兄弟姐妹之间最早、最频繁和最激烈的争吵，就是对物品所有权之争——玩具归谁所有谁有权玩。虽然被惹恼的大人不一定这么认为，但兄弟姐妹间的争吵和解决方法，可以视为他们发展社会性的良机，并且可以帮助孩子理解道德准则。

通常，婴儿会依恋其哥哥或姐姐。虽然存在竞争，但感情却是如此。兄弟姐妹和父母之间的依恋越强烈，他们之间相处得就会越融洽。然而，当婴儿开始四处走动和更加自信的时候，他们必然会和兄弟姐妹发生冲突。在幼儿18个月大后，兄弟姐妹间的冲突就急剧增加，而且随着认知和社会理解的发展，兄弟姐妹间的冲突变得更具建设性，因为年幼的弟妹会尝试参与调解。正如亲子间的冲突一样，兄弟姐妹之间建设性的冲突有助于孩子认识到相互的需要、意愿和观点。

家中兄弟姐妹的数量及其出生间隔、出生顺序和性别都会影响孩子的角色和相互关系。

同胞关系是一个联系及解决冲突的“实验室”。兄弟姐妹发生争吵后会积极寻求和解，因为他们知道大家会抬头不见低头见，他们明白生气不会让彼此间的关系终止。孩子们往往会和同性别的兄弟姐妹争吵，而兄弟间的争吵最多。

还有研究显示，家庭中的第二个孩子在性别态度、人格和休闲活动等方面都更像他的哥哥姐姐，而头胎所生的孩子则更多地受到父母的影响，受弟妹的影响较少。

同胞间不仅有直接影响，还有通过每个人与父母的关系而产生的间接影响，尤其是父母对年龄大的孩子的育儿经验，会影响他们对年龄小的孩子的期望和处理方式。此外，孩子在与父母交往过程中建立起来的行为模式也会“延续”到和同胞交往的行为中去。

美国科学家对全美国17岁青少年所做的“国家荣誉奖学金资格测试”（Natioanl Merit Scholarship Qualification Test）调查研究表明：没有兄弟姐妹的独生子的智能发展，不如孩子较多的家庭中的老大，独生子的智商都比有一两个弟妹的老大低2～3分。这项发现似乎与“父母关注”多多益善的理论相抵触，因为独生子是集父母关注于一身的。下有弟妹的老大显然可以从另一种经验中受益，这种独生子不易有的经验是教导弟妹，“当老师”往往是充实知识与自信特别有效的方法。

另外，该项研究还指出：孩子在家的出生顺序会影响智力的发展。一般人都认为，既然是同一个家庭的子女，受到的影响应该是一样的。其实，每个孩子的经验，因各自在家中的特定地位而大不相同。排行前面的比较有利，老大的智商测验与学校成绩平均都比弟妹多3.5分，老大以下按其排行顺序分数递减，如图所示。而且，二胎家庭的孩子智商更高，双胞胎孩子的智商要低不少。

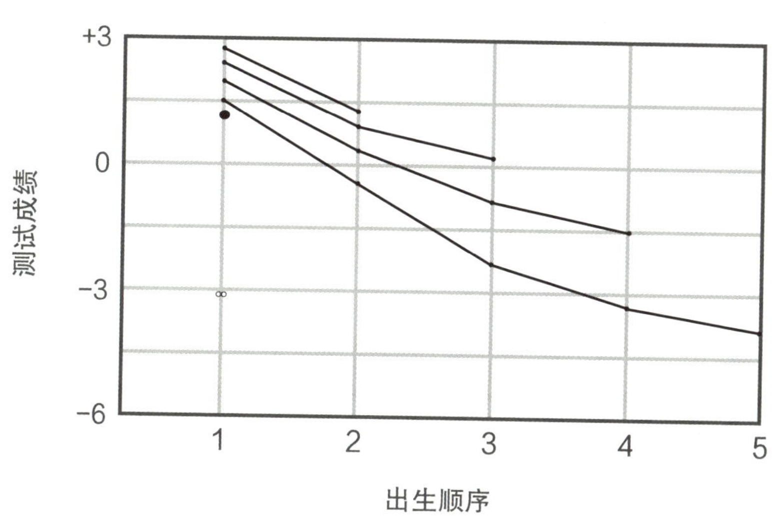

家庭孩子的结构对孩子IQ的影响（17岁时）。从上至下：2～5个孩子的家庭；大黑点：独生子女；双圈：双胞胎。

一项大规模的研究发现，孩子的智商也受兄姐出生间隔的时间影响，与兄姐相差不到1岁者的智商，比与兄姐相差2岁或更多者的低大约4分，如图所示。

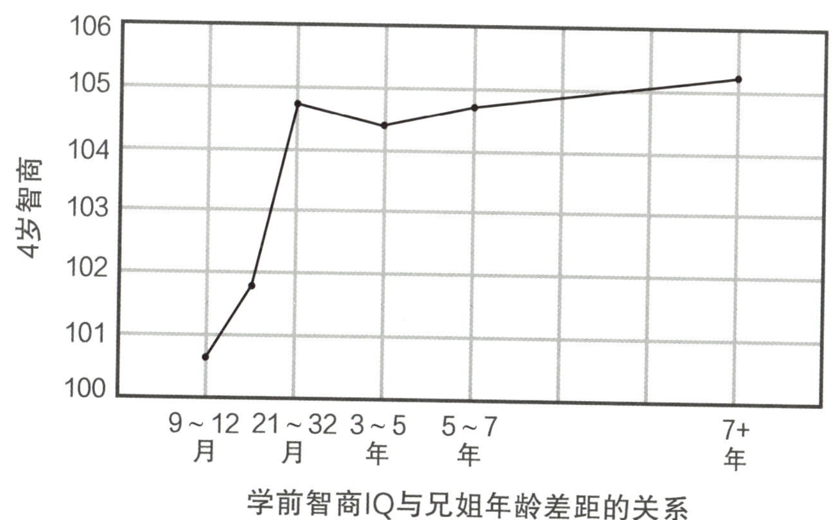

学前智商IQ与兄姐年龄差距的关系

这些关联的原因似乎显而易见：家中的孩子愈多，出生的间隔愈密，每个孩子能得到的关注就愈少。特别需要关注的婴幼儿期受的影响尤其大。老大显然在婴儿期博得父母关注方面占尽优势，研究也指出，老大甚至在弟妹相继出生后仍与父母互动最亲密。排行在后的孩子一出生就有兄姐分享父母的关注，这虽然会扣掉几分智商，但他们通常能在社会适应与情绪发展方面以较佳的表现补回失分。

健康是孩子快乐成长的奠基石

9 岁的洋洋，个子不高，体重却有 50 多公斤。前几天，学校开运动会，洋洋跑了 100 米，回家不断跟大人说感觉特别累，浑身没劲。妈妈以为洋洋只是得了重感冒，在家附近的小诊所给孩子开了感冒药，吃了两天，孩子连站起来的力气都没有。带到医院一检查，医生诊断为孩子患上了 2 型糖尿病。洋洋的妈妈对此难以置信，因为他们家族里面都没有糖尿病史，孩子年龄还这么小，怎么会得了这种病。医生告诉她，洋洋发病主要与身体肥胖有关。

★ 过度肥胖困扰学龄前孩子

孩子的生长发育呈波浪式，有的时期快，有的时期慢。进入小学期，孩子的身高平均每年增长4～6cm，体重每年增加1.5～2.0kg，直到10岁左右。

由于营养过剩及运动过少，过度肥胖已经成为当下学龄前孩子面临的一个难题。

由北京大学公共卫生学院、农业部食物与营养发展研究所等多家机构的专家联合编写的《中国孩子肥胖报告》表明，最近30年来，我国的胖孩子越来越多。

报告指出，自20世纪90年代以来，我国孩子的超重和肥胖率不断攀升。1985年至2005年，我国主要大城市0至7岁孩子肥胖检出率由0.9%增长至3.2%，肥胖人数也由141万人增至404万人；估测目前0到7岁孩子的肥胖率约为4.3%。1985年至2014年，我国7岁以上学龄孩子超重率由2.1%增至12.2%，肥胖率则由0.5%增至7.3%，相应超重肥胖人数也由615万人增至3496万人。如果不采取有效的干预措施，2030年，我国超重肥胖的孩子将增至4948万人。

★ 肥胖的危害

幼儿期肥胖不仅会对孩子的身体发育造成严重影响，还将增加成年后肥胖相关慢性病的发病风险。超重、肥胖孩子发生高血压的风险分别是正常体重孩子的3.3倍、3.9倍；发生高甘油三酯的风险分别是正常体重孩子的2.6倍和4.4倍；发生高密度脂蛋白胆固醇偏低的风险分别是正常体重孩子的3.2倍和5.8倍。肥胖孩子成年后发生糖尿病的风险是正常体重孩子的2.7倍，孩子期至成年期持续肥胖的人群发生糖尿病的风险是体重持续正常人群的4.3倍。孩子代谢综合征患病率也呈现正常孩子、超重孩子及肥胖孩子逐渐升高，孩子期至成年期持续肥胖的人群发生代谢综合征的风险是体重持续正常人群的9.5倍。

除此以外，肥胖还会影响孩子青春期发育，危害呼吸系统、骨骼甚至神经系统，对心理、行为、认知及智力产生不良影响，并诱发非酒精性脂肪性肝病、癌症等。

肥胖的发生和流行受遗传、环境和社会文化等多种因素的共同影响。父母双方、仅父亲、仅母亲超重或肥胖的孩子发生超重或肥胖的危险分别是父母双方均为正常体重孩子的4.0倍、3.1倍和2.7倍。出生前的母亲体型及营养代谢状况和孩子期环境因素，也会影响孩子期甚至成年期肥胖相关慢性疾病的发生风险。而膳食结构的改变，身体活动的减少，以及不健康饮食行为等因素，均会增加肥胖的发生风险。除此以外，肠道菌群的组成在肥胖的发生发展过程中也会起到一定的作用。

很多大人都会有心情不好的时候，通过吃东西缓解情绪的经历。孩子也会有性情沮丧、压力过大的时候，特别是7岁左右刚上学的孩子，他们会因为突然增加的学业任务、相对繁杂的校园规则以及各种各样的活动等而感到焦虑、压力大，这时他们就可能会多吃一些甜食或油腻的食物，让自己的精神能够得到一些安慰。这样做的结果，也会使自己的身体变得越来越胖。

这里有一个简单的检测孩子是否超重的方法：

肥胖度=（实际体重-标准体重）/标准体重×100%

标准体重（kg）=年龄×2+8（年龄在2～12岁）

如果孩子的肥胖度在10%～20%为微胖；大于20%为肥胖；20%～30%为轻度肥胖；30%～50%为中度肥胖；大于50%为重度肥胖。

如果孩子的体重属于中度肥胖，要注意调整饮食结构，加强体育锻炼，以免变得更胖；如果孩子的肥胖度已经达到重度肥胖，就要用科学的减肥方法，帮助孩子把体重降下来。

单纯性肥胖，也叫原发性肥胖，是指孩子本身无其他疾病，肥胖主要由生活方式引起。孩子主要表现为脂肪堆积，以乳、腹、髋、肩部最为显著，腹部往往出现粉红色的浅纹，四肢肥大，尤其是上臂特别明显。这样的孩子要从饮食、运动方面进行减肥。

父母应以身作则、言传身教，为孩子做健康生活方式的典范，引导、支持、监督和鼓励孩子养成健康的生活方式。不要让孩子长期“宅”在家玩游戏，要多进行户外运动。

★ 饮食减肥法

保证一日三餐，营养均衡。饮食减肥法不是不让孩子吃饭，一定要保证一日三餐，不能减少饮食次数，以免影响孩子的正常发育。一般两餐之间相隔5～6小时，比较理想的进餐时间是早餐6～7点，午餐12点，晚餐18点。有条件的话也可以少食多餐，这对减肥也很有效。同时，饮食要合理搭配，保证营养均衡，提供充足的蛋白质、维生素、无机盐等。

饮食要清淡。多吃清蒸的食物，少食油炸、红烧、煎烤的食物；多吃蔬菜少吃肉，尤其是凉拌的蔬菜，清淡、体积大、营养损失少、饱腹感强；炒菜时尽量少油、少盐。每天饮4～8杯白开水，既能清理脂肪，又能输送营养。

吃饭要细嚼慢咽。建议肥胖的孩子吃晚餐的时间不少于20分钟，成人不要把食物做得太精细，多做一些粗粮，这样可以延长孩子咀嚼时间，同时减少食物的摄入量。

少吃或不吃零食。让孩子养成只在正餐吃东西的习惯，饭后立即刷牙，减少吃零食的机会。不要让孩子在看电视、学习、玩耍时吃东西，也不要吃夜宵。不要将吃零食作为奖品，比如“考试成绩好就给你买巧克力”“完成作业就带你吃汉堡”等。

★ 运动减肥法

爬楼梯：爬楼梯这项运动简单易行，上学、回家时均可，上下楼的时候，让肥胖的孩子放弃坐电梯，而选择走楼梯，每天坚持会取得明显效果。

慢跑：慢跑是一种很好的锻炼方式，比快走消耗的热量高。跑步时要穿质量好一些的跑步鞋和宽松的衣服，尽量用鼻子呼吸，若张口呼吸则嘴巴不宜张得太大，尽量减少冷空气对血管的刺激，保持上下肢放松，身体微向前倾，小腿靠大腿的前摆惯性带到髋部向前向上摆出，落地时先脚跟后全脚落地，防止脚踝受伤，跑步时可穿戴护膝护踝等护具，对关节肌肉起到保护作用。

在不引起头晕乏力、胸闷气短、心悸的前提下，慢跑每次持续30分钟左右，就能达到良好的运动效果。跑步结束前将速度逐渐降低或继续步行，使集中在四肢的血液逐渐回到心脏和大脑，切忌突然停止而导致心脑缺氧出现头晕、眼花、呕吐等不适。

骑车：自行车不仅是简便快捷的交通工具，也是简易的运动锻炼器材。通过骑自行车，随着踏蹬动作的变化能够锻炼人体的下肢力量，而且由于地势起伏不同，力量也会随之改变，心率也会发生改变，心率的变化又可影响血液供给。经常锻炼可以增强心肌收缩力，增强血管壁弹性，增加肺活量，促进呼吸功能。孩子骑自行车一定要注意安全，选择合适的安全场地及儿童自行车。一般每次持续40～60分钟，每周坚持3～5次。

※ 如何保护好孩子的视力 ※

孩子身体发胖和视力下降是低龄阶段最令父母担忧的健康问题，与控制身体发胖一样，要想保护好孩子的视力，也要从日常抓起。

☆ 采用正确的读写姿势

正确的读写姿势概括起来是“三个一”：无论是读书还是写字的时候，眼睛和书本要保持一尺左右的距离，胸离桌子一拳，手指离笔尖一寸。

要配备高矮合适的桌椅，身体做正，两腿自然平放，头和上身自然前倾，胸部离桌子一拳，两臂平放在桌面，右手执笔写字，左手按纸，纸要放正。

有的孩子写字时头很低，有的还弯着脖子写字，罪魁祸首是执笔方法不正确。错误的执笔方法会影响写字姿势，而错误的写字姿势又会影响学生的视力。正确的握笔姿势是笔杆放在拇指、食指、中指的三个指梢之间，食指在前，拇指在左后，中指垫在下面，食指应较拇指低些，大拇指和食指自然弯曲，形成椭圆状，手指尖应距笔尖约3厘米。笔杆与纸面保持60度的倾斜，掌心虚圆，指关节略弯曲。概括起来是：食指、拇指捏着；中指垫着，笔杆躺着（注意不是虎口的位置，是接近虎口的地方）。

☆ 提供充足的光线

经常在光线昏暗的环境中用眼，会加重眼内晶状体和睫状体的调节负担，影响正常的视力。因此，父母要告诉孩子在充足、温和的光线下读书写字。一般光线应该来自左前方，这样可以避免阴影遮挡视线。还要注意不在强光（阳光、刺眼的灯光）下面读书、写字，不要在花影下看书，夜间读书时灯光不能太暗、太刺眼，不能是黄的颜色。

父母在为孩子挑选灯具时，常常会选择造型可爱、色彩艳丽的护眼灯，但有时灯具外观的靓丽并不能保证孩子的视力健康。 由于孩子正处于生长发育期， 灯具的选择不仅要考虑其安全性及材质是否环保、造型是否符合孩子的心理特点，对于学习照明的灯具来说，更重要的是光源是否符合孩子的实际需要，灯光的亮度适合很重要，既不要太亮，也不要太暗。

不少父母选择有颜色的护眼灯，但有颜色的灯是不适合作为阅读光源的，因为视觉细胞能够同时看到红、绿、蓝三种颜色，如果光源偏重于单一的颜色，对于视力的损伤较大。

有的父母误认为给孩子选了护眼灯就不会近视，其实这是错误的。护眼灯只是在保护视力上较其他灯有一定优势，长时间使用，加上孩子坐姿不标准等，都会影响孩子的视力。所以父母即使选择了护眼灯，也要让孩子适当使用，多加休息。每读写1小时左右，应到室外远眺或体育活动10分钟，这是消除眼肌疲劳、 防止发生近视的有效方法。

☆ 控制看电视、用电脑的时间

电视为动态画面，观看时间过长，最易导致眼肌疲劳，引起近视。故看电视时间不宜过长，一般要控制在每天2小时以内，且每看30分钟，至少休息5分钟，以使眼睛得到休息。看电视的距离要适宜，一般应在2米以外，角度倾斜不宜超过45度。在看电视的房间内，要有一定亮度的照明，可开一盏小灯，但光线不可直接照在电视屏或眼睛上，最好放在后方或旁边。电视调试时，电视屏上跳动的画面极为伤眼， 要闭上眼睛，免受刺激。使用电脑，每次不要超过1小时。

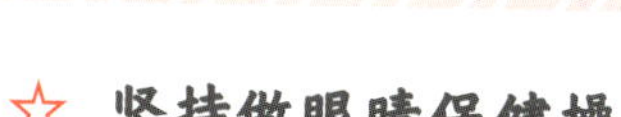

☆ 坚持做眼睛保健操

做眼睛保健操是预防近视行之有效的方法，应每日坚持不懈。未曾学者，可轻轻按摩上、下眼睑，或闭目养神，有利于眼肌恢复。

☆ 加强锻炼，合理饮食

提倡多进行户外活动，常晒太阳，呼吸新鲜空气。生活要有规律，早起早睡，保持充足的睡眠及适当的休息。注意营养，不偏食，少吃零食。日常饮食中如果缺乏身体所需的养料，身体抵抗力就会降低，就容易引起眼病。比如缺乏维生素A，就易发生夜盲症和干眼燥症；缺乏B族维生素，就易发生球后视神经炎。得了这些病，也可能引起失明。所以，要注意营养，多吃一些含有丰富维生素A、B族维生素和维生素C的食物，如豆制品、蛋类、动物心肝肾、菠菜、青菜、胡萝卜、大白菜及各种水果。

☆ 定期检查视力

12岁以前孩子的眼睛一直处于发育期，并没有定形，所以定期做视力检查很重要。父母要定期带孩子到有资质的医院或视力矫正中心检查视力状况，这样可及时发现孩子眼睛存在的问题，尽早治疗和保养。

延伸阅读

给儿童真正的爱

——选自《蒙台梭利幼儿教育法》

儿童到底需要什么样的爱？我们对孩子的爱可以分不同的层次：保姆式的生活照顾；为了育儿学习知识；对孩子的陪伴；对孩子精神的滋养。儿童需要一个能帮助他做到“不忘初心，牢记使命”的爱。

◎ 爱有两个层次

蒙台梭利指出，“爱有两个层次。我们通常所说的对孩子的爱是指照顾他们、关爱他们，这是因为儿童激起了我们的温情。精神上的关系把我们与儿童联结一起，所以我们教导他们，并将这种爱撒播到他们身上。”

但是，蒙台梭利在这里所说的爱远远不止这些。她指出，“另一层次的爱不是一种私人的爱、物质上的爱。我们照顾儿童实质上是为儿童的精神服务，为一种自由的精神服务。爱的不同层次不是由我们划定的，而是由儿童自己来划定。”

爱是伟大而崇高的，爱的本质是什么？“爱是恒久的忍耐，是仁慈；爱是不嫉妒、不做羞耻之事；爱是不谋私利、不发怒、不做恶事；爱是对真理和正义的热爱；做任何事情都应该包容、信任、期望和忍耐。”

因此，如果父母想要履行对孩子爱的义务，就必须对孩子做到这

一切。具体到孩子身上，就是尊重儿童成长的自然规律，理解孩子，接纳孩子，欣赏孩子，满足孩子发展的需求，协助儿童的心理潜能得到充分发挥。

儿童是爱的源泉，儿童向人类展示了爱的真谛。随着儿童的正常化成长，他们的天性会自然而然地展现出来，那是一种能触动心扉的情感，它能够参与人类的演变进程，那就是爱。只有这种天性出现在我们面前时，我们才能理解真正的爱是什么样。爱和对爱的渴望是人类生命延续的一部分，只有生命才能真正地表现出爱。儿童的所作所为展现出了爱的客观存在，展示了爱的力量，这是一种自然的力量，是宇宙间最为伟大的力量。“爱不仅仅是一种理想，它还是一种客观存在，过去是，将来也一定是。”

上述有关爱的描述，似乎是在对儿童吸收性的心智进行描绘，0~6岁的儿童不就是利用这一天赋的本能在进行着“爱”的工作吗？通过具有吸收性的心智，儿童可以接纳任何东西，包括气候、语言、贫富、宗教、偏见、习惯、文明等，他们对任何事物都抱有希望，并最终把这些东西通过人的行为体现出来。

儿童通过这一具体化的工作，来获得与他人平等的地位和适应周围的生活环境。儿童具有忍耐一切的力量，他们来到这个世界，不管出生于何种环境，都会在那个环境中逐渐成长，坚韧不拔，不屈不挠，适应生活。长大成人之后，他会在这个环境中生活得非常幸福。

◎ 向儿童学习

我们成人谁能像儿童那样做到“爱”所涵盖的这一切？这就是

我们的孩子。“如果儿童不具有这种吸收性的心智，任何一个地方的文化都不会获得稳定的发展。如果所有文明都是从儿童出生后重新开始，人类的文明就不会得到持续性进步。”

人要适应社会，并与自然和谐相处，吸收性心智就是人类适应社会的基础。儿童是通过爱的方式来解决关系人类命运的神秘难题。儿童的发展过程向我们展示了爱的轨迹，他身上蕴藏着各种各样爱的财富，这就是儿童展示给我们的天赋力量。

“爱存在于每个人的心灵之中，它是大自然赋予所有人的奇迹。这种伟大的力量在任何场合都能得到体现。爱是降生到这个世界上的每个儿童的天赋。如果儿童爱的潜能得到发挥，人类的成就就会无可估量。”

由此可见，如果人类要变得更加伟大，成人就必须谦虚地向儿童学习，必须关注“儿童的奇迹”，这就是父母对儿童的爱。

然而，爱远远不止所讨论的这些，爱的更深层次内涵也一定被赋予了大自然的魅力。因此，蒙台梭利曾说过，“爱只不过是各种复杂力量的一个方面，这种复杂的力量可以通过‘吸引力’和‘亲和力’这两个词汇来表述。”

“爱统治整个世界，使星辰有规律地运行，使原子重新结合形成新的物质，使物体停留于地面，同时也是协调有机物和无机物的力量，这种力量的凝聚是构成所有物质的基础。总的说来，虽然爱是无意识的，但在生活中，它又可以被意识到，我们所能感觉到的这种力量就是爱。”

大自然里所有的动物包括我们人都有周期性的繁殖能力，这是爱

的另一种表现形式，它是自然的需要。如果没有爱，地球上就不会有生命和延续，物种就会灭绝。

“动物时而能够感受到这种力量，但这种力量又会随即从它们的意识中消失。这表明自然在给予爱时是多么的节俭和严肃。自然所给予的爱是那么的少，因此爱是非常宝贵的。新生命刚一来到世间就会唤起父母对他们的爱。这种爱使母亲喂养它的孩子，给它们温暖和保护。出于对孩子的爱，母亲日夜守护在它们身边，这种爱确保了孩子的生命、安全和健康。然而，动物一旦长大，父母对孩子的这种爱就会渐渐消失。在此之前，母子之间好像存在着一种牢固的感情纽带，把它们紧密地联系在一起，这种纽带在动物长大时就开始分离了。以前，孩子从母亲那里获得一切，而现在，如果它们胆敢从母亲那里拿走哪怕一口食物，母亲就会猛烈地攻击它。”

爱的这一特殊功能，“这关系到生命的延续，我们必须做出牺牲，直到孩子不需要我们的帮助为止。”对于动物来讲，当爱的目的达到之后，它就会随即消失。

但人类却并非如此，人类的爱是永恒的。婴儿长大成人之后，爱也不会消失，它的作用不仅会体现在人类的个体之中，还会延伸到家庭之外。一旦某种愿望对我们有所触动，爱就会迅速地把我们团结起来，把爱传播给其他人。

“自然给予这种爱的力量具有明确的目的，如果她在给予其他物种这种力量时是严肃而谨慎的，那么，对人类的施予就不可能没有目的。如果爱的最终目的是创造与拯救，那么，如果它被忽略就会导致破坏。大自然赋予我们的这种精神力量的价值，远远超过了任何物质的价值。”

可以说，即使人类从宇宙中消失，爱也会继续完成它自己的创造、保护和拯救的任务。爱是大自然为了某种目的馈赠给人类的特殊礼物，在这一点上，它类似于所谓“宇宙意识”的作用。我们必须竭尽所能珍惜它、热爱它、发展它。在所有生物中，只有人才能够将爱的力量升华。珍惜并发展爱的力量是大自然赋予人的使命，这种力量把整个人类凝聚在一起。爱不是一种概念上的东西，而是一种实实在在的力量。这种使命就是：创造自我，创造和谐。

人类通过这种力量将自己劳动和智慧的成果有机地结合。如果没有这种力量，人类所创造的一切都会带来混乱和破坏。如果没有这种力量，随着人类的发展，人类所创造的所有文明都不能得到保存，终将归于毁灭。

◎ 遵循儿童的内在发展规律

现在，我们就能够理解前人所说的“没有爱，一切都是枉然”这句话的意思了。爱不是照亮黑暗的明灯，也不是传播声音的电波，它胜过人类已经发现和利用的任何东西，它是宇宙间最为强大的力量，每个人的心里都拥有这种爱的力量。虽然自然界赋予人类的这种力量有限而且分散，但它却是支配人类的所有力量中最伟大的一个。

每一个婴儿降生到这个世界都会给我们带来新鲜的力量，即使由于出生后的环境所限，使这种力量无法得到开发，我们也仍然能够感觉到这种力量的强烈作用。所以，我们必须花费更多的精力对这种力量进行研究。爱不是大自然赋予环境的，而是大自然赋予人类的，所

以要想对爱进行研究和利用，我们就必须关注儿童。

“成人必须有远离从前生活习惯的强烈渴望，这些渴望代表了一种神圣的声音，只有倾听这种声音，成人才能走进儿童的世界。”因此，成人在养育儿童时，应放弃原有的思维方式，把遵循儿童的内在发展规律放在首位，放弃自己固有的养育方式，改变固有的、禁锢儿童发展的思想，这样才能使儿童获得最大程度的发展。

“谁要想拯救和团结人类，就必须根据自己的愿望艰难而谨慎地沿着这条路走下去。”

这就是蒙台梭利博士一再告诫我们的！

参考书目

【1】《孩子家庭教育系列父母手册》编写组. 6～12岁孩子父母手册.北京：中国人民大学出版社，2012.

【2】Dorothy C. Fisher. Montessori for Parents, Cambridge. Mass：Robert Bentley, Inc., 1965.

【3】Maria Montessori. Education for a New World. Wheaton, Ill.: Theosophical Press, 1962.

【4】Maria Montessori. Education for a New World. Wheaton, Ill.: Theosophical Press, 1963.

【5】Maria Montessori. Reconstruction in Education. Wheaton, Ill.：Theosophical Press, 1964.

【6】Maria Montessori. Spontaneous Activity in Education. New York: Schocken Books Inc.,1965.

【7】Maria Montessori. What You Should Know about Your Child. Wheaton：Theosophical Press, 1963

【8】艾里希·弗洛姆[德国]. 爱的艺术.北京：北京联合出版公司，2011.

【9】陈鹤琴.家庭教育.上海：华东师范大学出版社，2013.

【10】戴安娜·帕帕拉，萨莉·奥尔兹，露丝·费尔德曼.发展心理学：上册：从生命早期到青春期.北京：人民邮电出版社，2013.

【11】段云波.蒙台梭利幼儿教育法.北京：科学技术文献出版社，2016.

【12】段云波，兰小茹，等.蒙台梭利儿童心理学.长春：北方妇女儿童出版社，2012.

【13】兰小茹，段云波.蒙台梭蒙台梭利教具与玩具的差异与解析.中国蒙台梭利，2016（22）：1-6.

【14】丽丝·艾略特.小脑袋里的秘密.汕头：汕头大学出版社，2003.

【15】罗伯特·费尔德曼.发展心理学：人的毕生发展（第6版）.北京：世界图书出版公司，2013.

【16】马丁·塞利格曼.学习乐观.北京： 新华出版社, 1998.

【17】蒙台梭利. 儿童的自发成长.天津：天津社会科学院出版社，2010.

【18】蒙台梭利.蒙台梭利早期教育法.北京：中国发展出版社，2011.

【19】蒙台梭利.童年的秘密.北京：中国发展出版社，2002.

【20】蒙台梭利.童年的秘密.北京：中国发展出版社，2011.

【21】蒙台梭利.有吸收力的心灵.北京：中国发展出版社，2011.

【22】帕蒂·惠芙乐.倾听孩子：家庭中的心理调适.北京：北京大学出版社，2013.

【23】斯蒂芬·波尔特[美].爸爸的力量.杭州：浙江人民出版社，2014.